중년에 미치다

나의 은공예와 이야기

나의 은공예와 이야기
A Collection of My Silver Artworks and the Stories

초판 1쇄 발행 2025년 9월 26일

지은이 정연배
펴낸이 장길수
펴낸곳 지식과감성⁺
출판등록 제2012-000081호

교정 이주연
디자인 강샛별
편집 강샛별
검수 정은솔, 이현
마케팅 김윤길

주소 서울시 금천구 벚꽃로298 대륭포스트타워6차 1212호
전화 070-4651-3730~4
팩스 070-4325-7006
이메일 ksbookup@naver.com
홈페이지 www.knsbookup.com

ISBN 979-11-392-2827-4(03630)
값 18,900원

지식과감성⁺
홈페이지 바로가기

A Collection of My Silver Artworks and the Stories

중년에 미치다

나의 은공예와 이야기

정연배 Jung Yeon Bae

지식과감정#

차례

Chapter 1.
느낌을 디자인하다

Chapter 2.
추억을 담다

Chapter 3.
Storytelling

머리말

　요즈음 중년(Middle-Aged)이란 보통 60~75세에 해당하는 기간을 말한다. 은퇴를 하는 때이며, 자식들은 독립하고 다시 부부만의 생활로 돌아가는 때기도 하다. 이때 자식들이 성장하여 경제적 여건은 50대보다는 훨씬 여유롭다. 바쁜 일상에서 벗어나 자기 시간을 여유롭게 보내며 자기 자신을 돌아보는 시간도 많아진다.

　반면 중년이 되면 50대에 왕성했던 열정은 크게 식는다. 육체적 건강도 많이 떨어진다. 그동안 해 왔던 본업을 꾸준히 이어가는 사람들도 있지만, 본업에서 벗어나 평소 하고 싶었던 일을 시작하는 사람도 있다. 은퇴하고 방황하는 사람들도 많다. 마음적으로 불안해지기도 한다. 왠지 인생이 공허하기도 하고, 까닭 없이 모든 일에 흥미가 없어지기도 한다. 또한 외로워지기도 하고, 자꾸만 서럽기도 하며, 괜히 감상에 젖기도 한다.

　특히 중년의 나이에서는 변화하기보다 안주하기를 원한다. 그래서 많은 사람은 새로운 일을 벌이기보다 평소 하고 있는 일에 그냥 머문다. 심리적으로는 편협해지며 가족이나 주변 사람에게 더 의존하고자 한다. 때로는 주변 사람과 소원해진다. 이때가 아마도 60대가 아닌가 한다. 이와 같이 중년의 나이는 육체적으로나 정신적으로 인생의 Turning Point가 되는 시점이다.

　자연으로 돌아가 농사를 짓기도 한다. 음악을 하는 분도 있고 운동에 심취하는 분도 있다. 글을 쓰기도 하고 여행을 다니기도 한다. 그림을 그리고 사진을 찍기도 한다. 각종 클럽에서 회원과 어울려 삶을 윤택하게 보내는 분들도 있다. 이렇게 저렇게 중년의 나이에 생업에서 벗어나 자신이 특별히 좋아하는 일에 몰입하는 경우가 많다. 이는 정말로 매력적이다.

나는 50대 중반에 캐나다에서 애들을 키우면서 공예디자인대학교를 다녔다. 처음에는 생업을 위한 기술을 배우려 하였으나 여의치 않았다. 마침 집 근처에 공예디자인대학교가 있었다. 나는 그 대학교 문을 두드렸다. 그리고 바로 금속공예에 심취하게 되었다. 이것이 돈벌이와는 거리가 멀었지만 새로운 무엇인가를 디자인하고 만든다는 것에 매우 흥미를 느꼈다.

처음 대학교에서 금속공예를 접할 때 "건축사인 내가 이것을 왜 할까? 쓸모없고 돈벌이도 되지 않는 것을 왜 할까?"라는 의문이 생겼다. 내면의 나는 정말 하고 싶었지만, 중년이라는 나이가 나를 말렸던 것이다. 그러나 나는 그만두지 않았다. 그냥 끌리는 대로 했다.

공예디자인대학교 기초 1년 과정을 마치고 나는 금속공예 과정(Jewellery & Metal Program)을 선택하여 공부하였다. 주말에는 택시 운전을 하였고 주중에는 하루 종일 쉼 없이 작업하고 공부하였다. 먹고 자는 시간이 아까울 정도로 미친놈같이 창작에 몰입하였고 그림을 그리고 글을 썼다.

이 기간 동안 교수의 도움으로 나는 많은 작품활동을 하였다. 여러 전시회에 출품도 하였다. 졸업할 때는 오직 최고 1명에게 주는 최우수학생으로 선정되어 캐나다 총독(Governor of General of Canada)이 주는 상장과 상금을 받았다. 학부를 졸업하고 나는 다시 좀 더 작품활동을 하기 위하여 대학원(Graduate Program)에 진학하여 공부와 작품 활동을 2년 더 이어갔다.

Fashion Designer가 꿈이었던 애가 어른이 되어서는 건축가가 되었고 중년에는 금속공예에 푹 빠졌다. 이때부터 스스로 Metal Artist라 부르며 자부심을 느끼기 시작했다. 정신없이 카메라 셔터를 눌렀고 창작에 몰두되어 시간이 가는 줄 몰랐다. 작업에 심취되어 몸이 아픈 줄 몰랐고, 제때 먹지 못하여도 배고픈 줄 몰랐다. 예술을 하고 예술을 사랑하니, 보는 눈의 크기와 각도가 넓어졌다. 또한 생각이 고정되지 않아 부드러워졌으며, 마음도 열렸다. 세상과 인생을 바라볼 때 형평과 균형을 잡을 수 있는 여유마저 갖게 되었다.

외롭고 힘든 생활이었으나 오히려 창작을 한다는 생각으로 내 삶이 아름답게 보이기 시작했다. 편협한 생각에 벗어나서 아름다운 가치관에 젖는 시간이었다. 저절로 자존감이 생기자 세속에 흔들리지 않게 되었다. Classmate들은 모두 20대의 순수한 캐나다 젊은이다. 중년의 나이에 젊은 학생들과 같이 공부하고, 작업을 하고, 이야기하고, 정을 나누었다. 내가 다시 젊은 시절로 되돌아가 다른 세상에 온 기분이었다. 정말 행복했었다.

이제는 나도 60세를 넘겼다. 나만의 시간이 많아졌다. 이때 창작작업을 할 수 있어 너무 좋다. 내가 좋아하니 더욱 좋고, 언제든지 현실의 시간에서 벗어나 나만의 공간에서 무엇인가에 몰입할 수 있다는 것이 좋다. 큰 공간이 필요한 것이 아니다. 그림을 그리고 스케치를 할 수 있는 책상과 작업대 정도만 있으면 되었다.

금속공예라는 예술의 한 분야를 알게 되니 그림에 대한 접근도 쉬워졌다. 그래서 그림을 그리고 글도 쓰니, 한결 삶이 풍부해지고 마음까지 너그러워졌다. 오늘도 새로운 모양을 디자인하고 만든다. 누군가에게 아름다움을 줄 수 있어 좋고, 누군가를 행복하게 할 수 있어 좋다. 그것보다도 창작하는 내 모습을 보는 것이 더 즐겁다.

인생은 흘러가는 것이다. 그런데 중년의 지금, 시간의 물결은 잔잔하지만 그 속력은 너무나 빠르다. 나는 빠르게 흘러가는 시간을 붙잡는다. 창작활동을 함으로써 내 시간을 감동적이고 격동적인 시간으로 바꾸고자 한다. 중년, 그 현실적 의미에만 매달리기에는 60대라는 삶은 과거와 다른, 나름 고요한 아름다움이 있어 그냥 평범하게 보내기에는 너무 아쉽기 때문이다.

학부 과정부터 대학원 과정까지 나는 많은 작품을 만들었다. 대부분이 고객의 품으로 갔다. 그들은 떠났지만 나에게는 그들의 사진과 추억이 있다. 문득 그때 느낌과 감동, 그리고 작업과정의 이야기를 사진과 함께 덧붙여 한 권의 책으로 만들면 좋겠다는 생각이 났다. 이미 고객 품으로 간 작품에 대하여는 그 당시 촬영한 이미지를 모았고, 아직 내 품에 있는 작품은 다시 촬영작업을 했다. 그중에 가장 나를 매혹시켰던 작품을 선별하여 이미지와 글로 꾸몄다.

　그때는 힘들었지만 지금은 추억으로 돌아가는 시간이고 참으로 아름답다고 느껴지는 순간이었다. 이제 보니 그 시절이 너무 좋았다는 생각이 들었고, 이런 황홀한 추억 속에 머무는 것도 너무 좋았다. 이렇게 나는 자료를 정리하면서 추억 속으로 들어갔다. 이제 힘들고 외로운 그 시절을 돌아보니 오히려 그때가 정말 행복했다는 생각이 든다.

　내 작품은 언젠가 고객의 품으로 간다. 그러나 그것들의 이미지와 추억은 나에게 있다. 그래서 나는 또 다른 새로운 작품세계로 몰입할 수 있다. 그것으로 족하다. 작품의 아름다움을 위해서, 누군가의 아름다움을 위해서, 그리고 내 영혼의 아름다움을 위해서다. 그래서 나의 중년의 시간은 더 알차고 더 탐스럽게 익어갈 것이다.

　음악을 좋아하는 분도 있고, 운동을 좋아하는 분도 있다. 글쓰기에 관심이 있는 분이 있고, 화초를 기르는 분도 있다. 전원에서 살면서 농사를 짓는 분들도 있다. 무엇을 하든 중년에 자신이 좋아하는 일에 몰입하는 것은 삶을 윤택하게 만든다. 이 책은 중년의 내 인생에서 무엇을 생각하고, 어떻게 고민하였는지, 그리고 무엇을 창작하고 어떻게 만들었는지를 보여 줄 것이다. 마치 나의 후반기 인생 역사책이라 할 수 있다. 중년을 보내는 분들에게는 "은퇴의 나이에 이렇게 시간을 보내는 경우도 있구나!" 하는 하나의 예가 되었으면 하는 바람이며, 또한 금속 공예를 하는 분들에게는 좋은 참고서가 되었으면 하는 바람이다.

저자 정연배

Chapter 1.
느낌을 디자인하다

Bug, bronze, oxided, 2013

1. 첫 프로젝트 Making a Bug

　공예디자인대학교에서 미술기초(Foundation Visual Arts, 1년 과정)를 공부했다. 내 나이 만 54살 때였다. 그 후 전공과목으로 금속공예과(Jewellery/Metal Program, 2년 과정)를 선택하여 공부했다. 학생들은 미술기초 과정 도중에 관심 있는 전공과목을 미리 수강할 기회를 가진다. 그리고 미술기초 과정을 졸업한 후 자기 적성에 맞는 전공과목을 선택한다. 공예디자인대학교에서는 총 9종류의 전공분야(Fashion Design, Textile Design, Fibre Arts, Ceramic, Jewellery/Metal Arts, Graphic Design, Integrated Media, Photography, Aboriginal Visual Arts)가 있었다.

　나는 3학점의 사진학(Photography)을 제일 먼저 수강했다. 사진학을 가장 매력적으로 생각하였고, 또한 카메라만 있으면 쉽게 공부할 수 있다고 생각했기 때문이다. 처음에 나는 사진은 카메라 셔터만 누르면 되는 줄 알았다. 사진학은 단지 3학점에 불과하였지만, 사진을 찍기 위해 많이 돌아다녀야 했고, 한 개의 사진을 위해서 수없이 셔터를 눌러야 했으며, 경우에 따라 한 번의 셔터를 누르기 위해서 오랫동안 기다려야 했다. 정물이 대상일 때는 혼자 많은 고민이 필요했고, 인물사진에서는 고객과 많은 대화가 필요했다. 근사해 보이고, 또한 취미로는 괜찮아 보였지만, 전문가가 되는 것과는 확연히 달랐다. 말이 어눌하고 활동적이지 않은 이민자인 나로서는 선택할 과목은 아닌 것으로 생각되었다. 또한 내 나이 50대 중반이지 않는가?

　다음으로 생각한 것이 Fashion Design이었다. 건축을 공부하기 전에 내 꿈은 패션 디자이너(Fashion Designer)였다. 아버지는 한복 전문가였다. 내 어릴 때 아버지 작업실에서 재봉 일을 자주 해 보았다. 그래서 정말로 내가 해볼 만한 분야이구나 하고 생각했다. 그래서 Fashion Design Program을 잠깐 수강해 보았다. 옷을 디자인하고 만드는 일은 매우 쉬웠고 재미가 많았다. 그러나 패션은 매우 개방적인 성격과 적극적인 대화가 필요했다.

그다음으로 Ceramic Program을 경험해 보았다. 손으로 형태를 만든다는 것에 큰 매력을 느꼈다. 손으로 형태와 질감을 표현할 수 있고, 그 표면에 색깔을 입혀 그림을 그릴 수도 있었다. 그러나 이것은 정말로 노동집약적인 일이었다. 깨끗한 몸과 옷을 유지할 수 없었다. 많은 노동도 필요했다. 과연 내가 그런 체력을 유지할 수 있을까 하는 의문이 생겼다. 넓은 작업장과 큰 장비가 필요한 분야이기도 했다.

마지막으로 수강한 것이 Jewellery/Metal Program이었다. 정말 나에게는 생소한 분야였으나 손재주가 있었기에 잘할 수 있었다. 우선 재미가 있었으며, 대화보다는 스스로 몰입하여 작품을 만드는 것에 매우 흥미를 느꼈다. 이때 나의 손재주와 감각이 남다르다는 것을 느꼈다.

이렇게 3종류의 과목을 경험하였다. 미술기초 1년 과정을 마칠 무렵, 나는 많은 고민 끝에 Jewellery/Metal Program(2년 과정)을 신청하였다. 만족스러운 결정은 아니었지만 내 손재주와 감각으로 작품을 만드는 것에는 자신이 있다고 생각했기 때문이다. 늦게 배운 어눌한 영어와 소심한 내 성격을 배려한 선택이기도 했다.

가을 학기에 Jewellery/Metal Program에 진학했다. 전공 수업은 미리 맛보는 겉핥기식 3학점 과목 수업과는 사뭇 달랐다. 그래서 나는 첫 수업부터 갈등이 컸다. "이것 뭐야? 먼지 풀풀 나는 작은 철공소 같네? 정말 정밀 세공이네? 내 눈은 침침한데? 네가 이런 짓을 하려고 대학에 들어왔어?" 이런 고민이 생기자 나는 혼란에 빠졌다. 그래서 3일 학교를 나가고, 그 이후로는 나가지 않았다.

일주일 후 주임 교수로부터 수업에 참석하라고 전화가 왔다. 왜, 무엇 때문에, 하면서 귀찮을 정도로 나를 붙잡아 두었다. 그래서 나는 한 번 더 고민해 보았다. 그런데 나에게는 다른 대안이 없었다. 결국에 이왕 여기까지 왔으니 해보자 하고 다시 학교에 나갔다. 주임 교수의 설득과 격려도 큰 영향이 되었다.

수업의 첫 Project는 Making a Bug였다. "그래, 해보자." 하고는 달려들었는데 나도 모르게 저절로 작업에 몰입하게 되었다. Bug를 조사하고, Drawing 하고, Bronze를 잘랐다. 조립하고 텍스처를 넣으니, 실물 같으면서 실물같지 않은 Bug가 탄생하였다. 디자인해서 만들어 내라고 하니 그냥 해보았던 것이다. 그때 교수의 도움도 없이 누구보다 빠르게 진행해 나가는 나를 보고 스스로 놀랐고, 나의 특별한 손놀림과 감각에 한 번 더 놀랐다.

학교 수업은 이론보다는 실무 위주였다. 매번 주제와 작업기간이 있는 프로젝트가 제시되었고, 그때마다 학생들은 안을 도출하고 구체화하여 하나의 작품을 만들었다. 그리고 그 평가가 학점으로 연결되었다. 교수는 학생들을 도와주는 역할만을 하였고, 특별한 강의는 없었다. 학생 스스로 조사하고 공부하여 하나의 안을 만들고, 그리고 그것을 그림으로 표현한 후 작품으로 완성해야 했다. 작업의 모든 과정을 Journal에 그리고 표현해서 교수의 확인과 지도를 받아야 했다.

학생 본인이 원해서 하는 전공이다. 그래서 자부심과 그 열정은 대단했다. 많은 학생들이 파트타임 일을 하면서 학교를 다니는 관계로 휴일이나 늦은 밤에도 작업을 하는 경우가 많았다. 이때 나의 Classmate는 15명이었다.

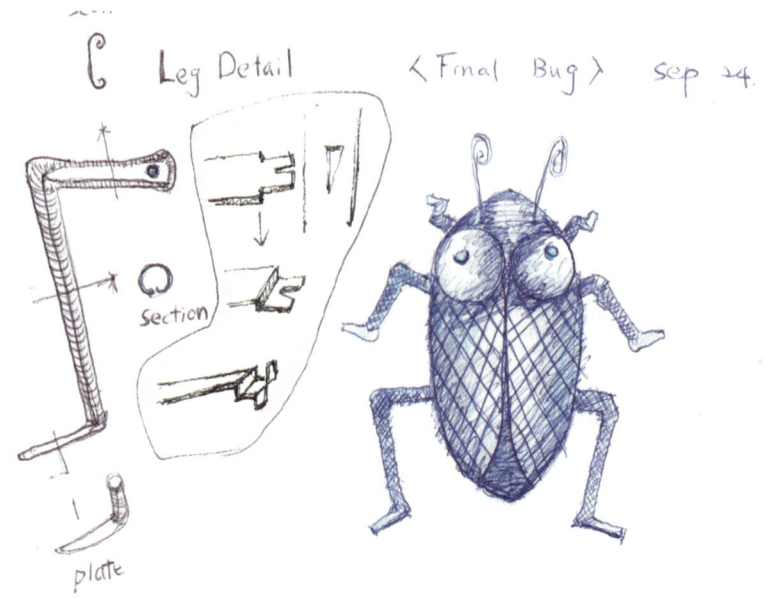

Drawing of the Bug

　Bug는 첫 수업의 첫 project에 대한 결과물이다. 이것은 나의 인생을 확 바꾸는 계기가 되었다. 그 후로 나는 금속작업에 몰입하면서 대부분의 시간을 작업실에서 있게 되었다. 자주 혼자 멍하게 있기도 하고, 갑자기 스케치하기도 할 때가 이때부터가 아닌가 한다.

　Bug를 만든 후 "금속으로 a flexible bug를 만들 수 있을까?" 하고 고민하다가 만든 것이 Bug2다. Bug2는 몸체가 자유롭게 좌우로 휘어진다. 더 진화된 것으로, 아래 a pair of bug는 흑백의 한쌍으로 몸체가 좌우상하로 휘어질 뿐만 아니라 몸체 길이를 늘였다 줄였다 할 수 있다.

　a pair of bug를 maple 나무판에 고정해 보았다. 이는 탁자에 놓을 수 있거나 벽에 걸 수 있는 작품(The Swimming Bugs)이다. 아래 elephant는 평판을 망치로 두드려서 만든 것으로 오랫동안 가지고 있다가 최근 maple 나무판에 고정해 보았다. 이 세 가지는 project가 아닌 개인적으로 별도로 만든 작품이다.

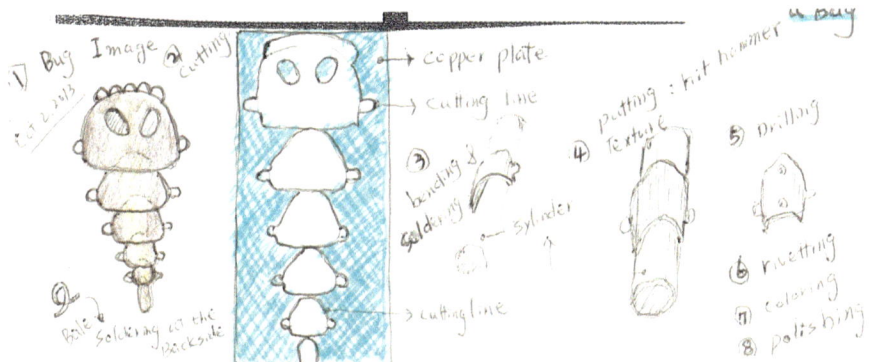

Shop Drawing of a Flexible Bug

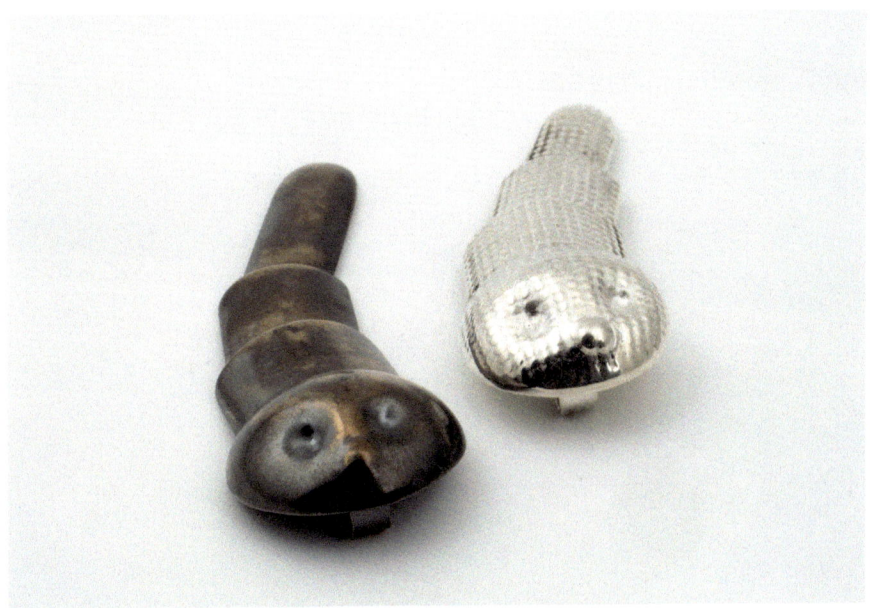

A pair of bug, bronze, sterling silver, oxided, 2014

Bug2, bronze, oxided, 2013

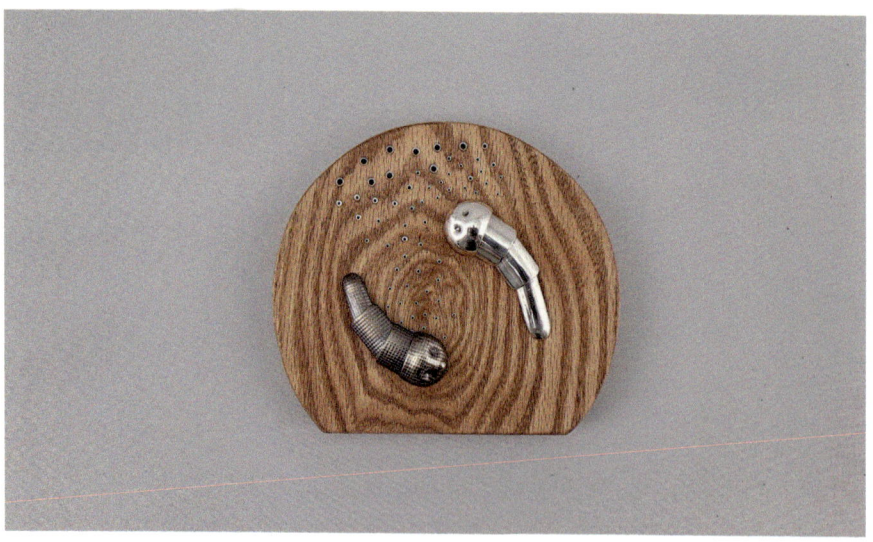

The swimming bugs, sterling silver, oxided, maple wood, 2023

Elephants, sterling silver, maple wood, 2023

Goblet, sterling silver, size: 8.0×8.0×13.5cm

2. 우아한 곡면 Goblet

중세에는 손으로 만든 황동이나 은제 잔을 사용했다. 그 옛날과 같이 쇠망치로만 금속을 다루어 보는 수업이 있었다. 그것 중의 하나가 Goblet을 만드는 Project였다. 그것은 오직 은평판(Silver Sheet)을 쇠망치로 두드려 반구형(Hemisphere) 잔(Goblet)을 만드는 과정이었다. 담당 교수가 단계마다 시범을 보였고 우리는 따라 했다.

처음 해보는 작업이었건만 어떻게 하면 평면이 돔(Dome)이 되고, 다시 그 돔의 깊이가 깊어져 구형이 되는지를 각각 단계마다 쇠망치를 직접 두드려 보면서 감을 잡았다. 그리고 바로 작품제작에 들어갔다. 나는 배가 크고 입구가 좁은 호리병 형태의 Goblet을 디자인했다. 보통 돔형은 중심에서 입구 쪽으로 조금씩 넓어진다. 나는 그것에 만족하지 않고 돔의 입구를 작게 하고자 했다. 즉 내가 디자인한 돔형은 마치 공 같은 구형(Sphere)의 윗부분을 조금 잘라 낸 형태였다.

일반적인 돔형을 만드는 것은 다소 쉬웠다. 넓어진 입구를 다시 좁게 하는 것이 어려웠다. 그러나 나는 해냈다. 원하는 Dome 형태를 만들고 난 다음 입구 끝부분을 덧대었다. 이 작업 또한 어려웠다. 평면이 아닌 곡면인 Dome 끝 면에 덧대는 작업이기 때문이었다. 그다음으로 돔형 받침을 만들었다. 이 역시 끝부분에 덧대었다. 그리고 받침 표면에 Chasing 기법을 사용하여 정성을 다하여 무늬를 하나하나 넣었다. 마지막으로 원통형 기둥을 Dome과 받침에 서로 이었다. 머리에서 상상하였던 모양이 완성되는 순간이었다. 이것은 한 손 안에 살짝 들어오는 우아한 곡면체였다.

학교 작업실에는 두드리기 위한 망치와 문양을 넣기 위한 도구(원형, 일자형)만 있다. 그 옛날 손으로만 작업을 했던 중세시대로 돌아간 듯하였다. 처음으로 하는 작업이었다. 만약 잘못되면 처음부터 다시 시작해야 했다. 학교 수업 프로젝트였기에 처음부터 다시 시작하기에는 시간적으로 부담이 매우 컸다. 그래서 작업 중에는 마치 어린애를 다루듯 내내 신중하였고, 혹이여 도중에 잘못되면 어떻게 하나 하고 내내 애를 태우는 긴장의 연속이었다. 그러나 완성한 후에는 해냈다는 뿌듯함 때문에 행복했다.

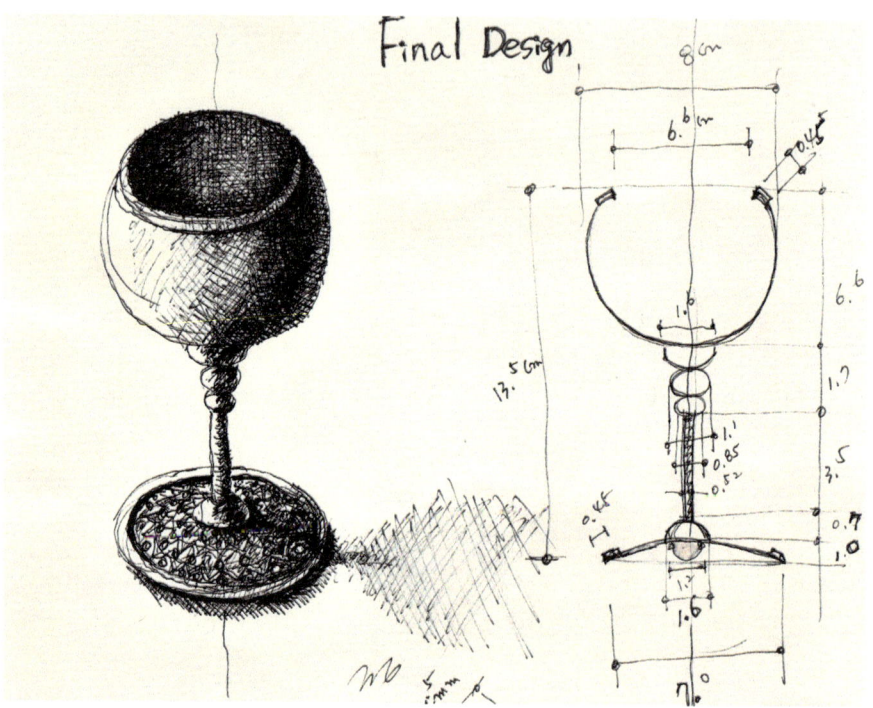

Vessel Cap

3. 춤추는 크리쉬나 Vessel

힌두교에는 3개의 큰 신(삼주신, Trimurti)이 있다. Brahma, Vishnu, Shiva가 그것이다. 브라하마는 창조의 신으로 5세기 이전까지 인도에서 전통 브라하마교의 최고신이다. 비슈누는 유지의 신으로 5-6세기 이후 힌두교 시대에서 시바와 함께 최고신으로 여겨졌다. 시바는 파괴의 신이다.

인도에는 신 종류가 정말로 많다. 삼주신 중의 하나의 신이 바로 비슈누(Vishnu)인데, 그 비슈누에 또 10개의 화신(Ten Avatars of Vishnu)이 있으니까 말이다. 불교의 붓다가 그 많은 인도의 신 중의 하나인 것을 보면, 그들의 다양성과 친근성은 매우 특별하다고 할 수 있다. 크리슈나(Krishna)는 비슈누(Vishnu)의 여덟 번째 신이다.

(좌) Dancing Krishna(뉴델리 국립 박물관), (우) 피리 부는 Krishna

나는 유독 크리쉬나(Krishna)를 좋아한다. 좋아하는 정도가 아니라 열렬히 사랑한다. 크리쉬나를 알기 전에는 나는 붓다(Buddha)만 알고 있었다. 붓다는 근엄하고, 인자하며, 그리고 자애하다. 붓다 앞에 내 자신을 내려놓고 백팔배를 한

적도 많았다. 그러나 어느 날 미술관에서 춤추는 크리쉬나(Dancing Krishna)를 보고 한눈에 반해 버렸다. 10년을 한결같이 사랑한 여인을 버리고 한눈에 다른 여인에게 반해 버린 순간이었다. 그때 마음을 바꿔 먹었다. 내 모든 것을 한순간에 던져 버리고, 내 신을 붓다에서 크리쉬나로 바꾸어 버린 것이다. 그 후로 내내 춤추는 크리쉬나는 내 가슴에 머물렀다.

가부좌 자세로 명상에 잠긴 붓다보다 무아지경으로 춤을 추고 있는 크리쉬나가 더 매력적으로 나에게 다가왔던가? 나도 Dancing Krishna와 같이 춤을 추면 어떨까? 어쨌든 한 여인을 버리고 다른 여인을 취했으니 배신이다. 하지만 붓다를 모시면서 Dancing Krishna를 또 하나의 부처로 모시면 안 될까? 부처가 되는 길은 오직 한 가지만 있는 것이 아니다. 명상을 통하여 부처가 될 수도 있겠지만, 춤을 추면서 행복이라는 해탈의 나라로 갈 수도 있을 것이다.

붓다는 좀 인위적이다. 화장을 하고 권위적으로 우리 앞에 앉아 있다. 그러나 크리쉬나는 진정 자연스럽다. 누가 보든 말든 그냥 춤을 추고 있다. 명상을 하는 붓다와 춤을 추고 있는 크리쉬나는 서로 많이 달라 보이지만 각각 다른 방법으로 최고의 경지에 올라가 있다. 목적지는 같으나 가는 길이 서로 다른 것이다. 둘 다 인도에서는 유명한 신이다. 인도에서 지금은 크리쉬나가 더 대중적으로 사랑을 받고 있다.

무아지경에서 붓다는 자애롭게 앉아 있고, 크리쉬나는 신이 나서 춤을 추고 있다. 보니 나도 마구 춤을 추고 싶다. 인생의 춤을……. 이렇게 나에게는 크리쉬나가 더 마음에 다가왔다. 내가 크리쉬나를 더 좋아하는 이유로는 하나 더 있다. 크리쉬나는 초원에서 피리를 분다. 여인들이 그를 보고 황홀경에 빠지고 그는 아름다운 여인들과 논다. 춤을 추며 무아가 된다. 그리고 사랑한다. 신들의 이야기는 바로 인간의 이야기였다. 마치 우리 인간들의 이야기와 같기 때문이었다. 크리쉬나는 그중에서 Radha를 가장 사랑했다.

어느 날 갑자기 디자인이 생각났다. 주저함도 없었다. 그냥 동판을 자르고 형태를 만들었다. 드디어 매혹적인 형태의 잔과 뚜껑이 탄생되었다. 그 뚜껑에 빙빙 도는 Dancing Krishna를 그려 넣었다. 작업을 할 때만큼은 나도 춤을 추었다. 즉 무아에 있었다.

나는 맨정신에 춤추기가 어려웠다. 술 한잔하면 춤을 잘 추었다. 그러나 맨정신에 춤을 추고 싶었다. 맨정신에 인생을 추고 싶었다. 그래서 한 뜸, 그리고 한 뜸 동판에 그것을 새겼다. 그냥 마구 새겼다. 나는 이 작업을 할 동안만은 정말 진정 춤을 추고 있었던 것이다, Dancing Krishna처럼……. 내 삶 모두를 이렇게 춤추며 살았더라면, 정말 그랬더라면 나는 이미 부처인 걸 하는 아쉬움이 남는다. 지금부터라도 언제나 Dancing Krishna처럼 춤추는 "나"이고 싶다.

Vessel, cooper, 2013

Ceramics with Dancing Krishna, 2013

4. 춤추는 크리쉬나 Ceramic

Ceramic Program에서 수업 중 Ceramic 그릇을 만들 때였다. 흙을 빚어 두께가 얇은 그릇을 만들고 난 후 바닥에 무엇을 넣을까 하고 고민을 하였다. 그 당시 나는 춤추는 크리쉬나에 몰입돼 있었다. 문득 춤추는 크리쉬나(Dancing Krishna)가 떠올랐다. 머릿속의 이미지를 붓으로 그리니 율동미 넘치는 댄서 (Dancer)가 되었다. 테두리에 흥을 돋우는 문양을 그려 넣었다. 모든 작업은 즉흥적이었다.

작품을 가마에 넣어 구웠다. 내가 그린 회색빛 그림이 푸른빛으로 변했다. 크리쉬나가 그릇 바닥에서 푸른빛을 내면서 춤을 추고 있었던 것이다. 내 영혼이 빨려 들어가는 기분이었다.

그놈을 내 책상에 두었다. 그를 볼 때마다 추억이 생각났다. 같이 춤추자고 하는 그의 외침을 들었다. 그렇게 춤추지 못한 과거의 내가 지금의 나로 투영이 되었다. 지금의 나는 과거와 달랐다. 나는 디자인하고 작업할 때는 정말로 내내 무아지경에 있었다. 내가 창작이라는 춤을 추고 있었던 것이다.

Butterfly Pendant for Client, sterling silver, onyx stone, oxidized, 2015

5. 경연우승 작품 Butterfly Pendant

학부수업 과정에 학생들의 창작의욕을 높이는 방법의 하나로 경연대회가 있다. 가장 우수한 것으로 선택된 작품의 학생에게 상장이나 상품이 주어진다. 경연대회에서는 "어떤 고객이 이러저러한 작품을 이런 가격으로 원하니 한번 만들어 보라"는 식의 실제 상황이 학생에게 주어진다. 이는 학생들에게는 공부와 현실을 동시에 배울 수 있는 매우 효과적인 방법이다.

1년차 첫 학기에 하나의 Project로서 이러한 경연대회가 있었다. 내 학우들이 교실에 다 모였다. 그리고 Client 한 분이 들어와 학생들에게 주문을 하였다. 그는 대학교의 Director(대학교 교장)이었다.

"내 아내에게 크리스마스 선물로 목걸이를 선물할 예정입니다. 지출 예산은 500달러 정도입니다. 내 취미는……. 아내 취미는……. 가족은……. 그리고 아내는 조용한 성격입니다. 아내는 크리스마스 파티에 이 목걸이를 착용하고자 합니다."

교장의 설명을 듣고 학생들의 질문이 이어졌다. 좋아하는 색깔은? 나이는? 평소 착용하는 액세서리는? 등등 교장과 학생 간의 딱딱한 분위기가 아닌, Artist와 Client 사이로 아주 자연스럽고 자유로운 분위기 속에서 이야기가 진행되었다. 사실 학생이 교수나 교장을 만나서 깔깔거리며 서로 이야기를 나누는 것은 여기 학교의 일반적인 생활이다. 1시간의 토의가 끝나고 Project 담당교수의 추가 설명이 더해졌다.

"3주 후, 이 시간 이 방에 모든 작품이 출품되어야 하고, 그때 Client 혼자 이 방에서 하나를 선택한다."

의뢰인의 생각에 따라 선택되는 것으로 의뢰인 이외의 사람, 즉 교수의 생각은 완전히 배제되는 방식이었다. 그리고 이는 학생들이 졸업 후 Artist로서 활동할 때 실제 일어날 수 있는 상황을 미리 경험해 보는 수업이었다.

우선 의뢰인의 성향과 의도를 잘 알아야만 했다. '보통 보편적인 캐나다인들은 손으로 만든 예술적인 액세서리(Hand Made)를 매우 좋아한다. 그리고 어느 정도 예술적인 안목도 있다. 의뢰인은 예술대학교의 교장으로 사회적인 지위가 있으니 착용하는 액세서리는 좀 특별할 것이다.' 이런 일반적인 사항과 함께 디자인 측면에서 많은 고민이 필요했다.

나는 내 작업실로 돌아와서 한순간 떠오르는 생각으로 단시간에 개괄적인 디자인을 마쳤다. 많이 고민하고, 많은 사례를 뒤져 본다고 좋은 아이디어가 나오는 것이 아니라는 것을 나는 알고 있었다. 또한 고민할수록 작품은 자꾸 Stereo 타입으로 변질될 것을 우려했다.

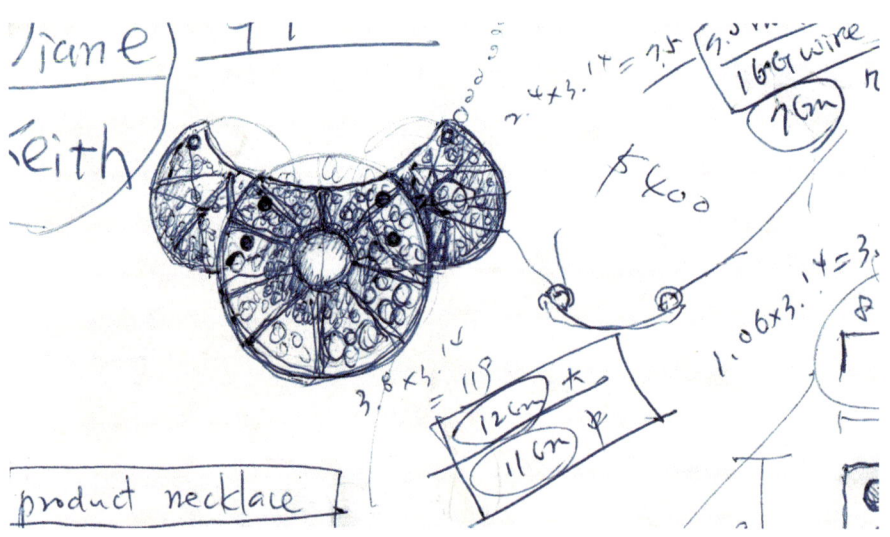

The ball pen sketch of the client pendant

3주 후 발표하는 날, 나는 내 방에서 다른 작업을 하면서 발표 결과를 기다리고 있었다. 너무 개별적이고 주관적이기 때문에 열심히 했다고 선택되는 사항이 아니다. 모든 학생들이 자기만의 특색과 강점을 가지고 있다. 작품성, 질(Quality), 가격, 등등 모든 조건이 가장 좋으면서 의뢰인의 호감과 일치가 되어야 한다. 그렇다면 무엇이 선택될지 아무도 알 수 없었다. 생각에 얽매이기 싫어서 나는 그 시간에 다른 작업을 열심히 하고 있었다. 그때 갑자기 동료 학생이 나에게 다가와서 속삭였다.

"Hi Yeon, Congratulation."

내 작품이 선택되었던 것이다. 그래서 참가자, 선배, 후배, 그리고 교수들 모두 그 방으로 모였다. 참가자는 어떤 주제와 과정으로 디자인하고 만들었는지 자기 작품에 대하여 설명하였고, 이어서 교수의 간단한 품평회가 있었다.

"모든 작품은 정말 최고이고 위대하다. 의뢰인이 좋아하는 하나가 선택되었을 뿐이다."

맞는 말이었다. 내 아들 나이의 동료들의 작품이다. 나는 그 나이에 지구가 둥근지도 모르고 부모 돈으로 술만 마시고 돌아다녔다. 밤늦게 작업한 어린 그들이 만든 작품이 당연 최고다. 단지 내 것은 바로 주인을 만났다는 것만 다를 뿐이다.

내 작품은 그때 바로 Client인 Director(교장)의 품으로 갔다. 그리고 다음 날 나는 교장실에 방문하였고 교장으로부터 직접 대금을 받았다. 디자인하고 만드는 그 몰입의 시간은 황홀했고, 내 작품이 고객의 품에 안기니 더욱 기뻤다. 무엇보다 돈을 받으니 무척 행복했다.

Five-Bug Pendant, sterling silver, 2015

6. 그녀가 선택한 Five-Bug Pendant

경연대회 우승작품인 Butterfly Pendant가 주인을 만나 내 곁을 떠났다. 그러나 그 특별한 볼륨감이 계속 내 머리에 고스란히 남아 있었다. 다른 하나를 더 만들고 싶었다. 그래서 본래 디자인에 더 진보되고 더 큰 Volume을 위하여 Layer를 첨가하였다. 그리고 다양한 크기로 5개를 만들어 서로 연결하였다. 완성 후 모습이 마음에 들었다. 이것은 몇 번의 전시회에 진열되었다. 그 후 다른 작품 활동으로 그 존재를 잊어버렸다. 그래서 이놈은 5년 동안 내 서랍과 주임교수 서랍에서 잠을 잤다.

내가 대학교에서 작업을 할 때, 내 작업 칸 건너편에 내 나이 또래 여성분이 있었다. 그녀는 파트타임(part time)의 학생이었고 직장인으로 은퇴한 후 금속공예 공부를 하고 있었다. 남편은 이 지역의 가장 큰 매장인 Canadian Tire의 주인이었다.

그녀는 부드럽고 다정했으며 그리고 항상 미소를 지었다. 옷차림은 귀티가 났고 얼굴은 아름다웠다. 항상 나에게 먼저 말을 걸어주었고, 만나고 헤어질 때 자주 포옹해 주었으며, 내 작품에 관심과 칭찬을 아끼지 않았다.

어느 날 그녀가 자기 귀중품을 보여 주겠노라 하면서 나를 불렀다. 해외여행 때 남편이 사준 반지와 팔찌, 그리고 목걸이였다. 반지에 박힌 다이아몬드는 내 눈으로는 처음 보는 크기였고, 팔찌와 목걸이도 역시 내가 처음 보는 스타일의 고급품이었다. 돌 하나 박히지 않았는데, 팔찌 하나가 수백만 원이라 하니 그때 나는 많이 놀랐다. John Hardy 제품이었다. 그 회사의 제품과 역사를 온라인으로 알아보고는 나는 바로 John Hardy의 마니어가 되었다. 그 이후로부터 그녀는 가끔 농담으로 나를 John Hardy로 부르곤 했다.

대학을 마치는 마지막 학기 초여름에 그녀는 나를 자기 집으로 초대했다. 주임교수와 담임교수 둘, 그리고 나를 포함하여 넷이었다. 그녀의 집은 Saint

John River를 끼고 있었고 규모가 어마어마하게 컸다. 입구 홀부터 유명한 그림들이 걸려 있었다. 그녀의 남편이 우리를 환영했고 남편의 시중으로 저녁을 먹었다. 그리고 자정이 넘도록 술을 마셨다.

가벼운 차림으로 야간에 야외 발코니에서 오래 있으니 한기를 느꼈다. 쌀쌀한 여름밤에 술을 마시면서 야외 벽난로에서 장작 타는 소리가 그렇게 야릇하고, 타오르는 장작불이 그렇게 따스할 줄을 이때 알았다. 눈치를 챈 그녀의 남편은 열심히 장작을 넣어주었다. 술과 사람, 장작 타는 소리와 따스함이 함께 어울려지는 낮과 밤이었다.

그로부터 2년 후에 나는 대학원 과정(Graduate Program)을 위해 다시 캐나다로 돌아왔다. X-Mas가 다가올 무렵, 그녀가 나를 찾아와서 갑자기 그 목걸이를 원했다. 그녀는 남편이 해주는 X-Mas 선물로 내가 만든 그 목걸이를 선택했다고 하였다.

나는 이미 그 목걸이를 팔기 위해 Gallery에 전해준 상태였다. 오래전의 내 작품을 마음에 두고 있었다니? 나는 얼른 Gallery로 달려가서 내가 개인적으로 필요하다는 핑계를 대고 그것만 살짝 빼내어서 그녀에게 전해 주었다.

따뜻한 관심과 다정한 칭찬을 아끼지 않았던 그녀에게 높은 가격을 부를 용기가 없었다. 그 대신 다음 파티에는 따스한 장작불을 쬐며 정말로 취하고 싶을 정도로 마시고 와야지 하는 기대를 품었다. 졸업식장에서 함께 포즈를 취하기도 했다. 그녀는 5년 동안 파트타임으로 공부하여 대학을 졸업하였고, 그때 나는 대학원 과정을 졸업하였다.

Pentagonal Clasp Pendant, Sterling Silver, Onyx, Oxided, one side length 22mm, T8mm

7. 나의 심장 Pentagonal Clasp Pendant

두께가 있는 오각형의 오목함 속에 볼록함을 넣어 보았다. 오각형(Pentagon)은 신비스럽고 마법 같은 이미지를 갖고 있으며, 별(Star) 모양과 같다. 오각형의 한 변과 대각선의 비율은 황금비이다. 자연의 생물에서 오각형은 자주 보이며 그 형태미는 조화롭고 아름답다. 오각형인 별은 단결과 자부심을 뜻하여 국가의 심벌로 많이 사용되고 있다. 그러나 나에게는 도전과 변화라는 느낌으로 다가온다.

오목한 오각형 입면체 중앙에 검은 Onyx를 넣고, 각 변의 중간에 작은 점을 넣었다. Onyx는 큰 행성이고 5개의 점은 작은 위성을 의미했다. 바탕에는 사이사이 점점이 별들을 수놓았다. 여기서 오각 입면체 한 면을 오목하게 하는 것이 어려웠고 큰 도전이었다.

나는 가끔 심장이 두근거릴 때는 내 오른손을 가슴에 대어 본다. 왼쪽 가슴 깊숙이 내 심장이 뛰는 것을 느낀다. 가슴의 오목함 속에 심장의 볼록함이 움직이는 것 같다. 내 손바닥은 가슴을 감싼다. 그럼 내 오목한 손바닥은 심장의 볼록함을 느낀다. 이렇게 오목과 볼록을 감각으로 느낀다. 그런 느낌으로 무엇인가 만들고 창안한다는 것에 큰 매력을 느낀다. 이것이 Clasp Pendant(결합과 분리되는 펜던트)다. 이는 도전과 변화를 추구하는 내 가슴과 심장의 표현이다.

나는 항상 변화를 추구했고 도전했다. 그러나 가끔은 나를 통제할 필요가 있었다. 오각형 한 면에 Clasp를 만들어 채우면 쿵쿵거리는 내 심장은 조용해진다. 이때 나는 이것을 목에 걸고 명상을 즐긴다.

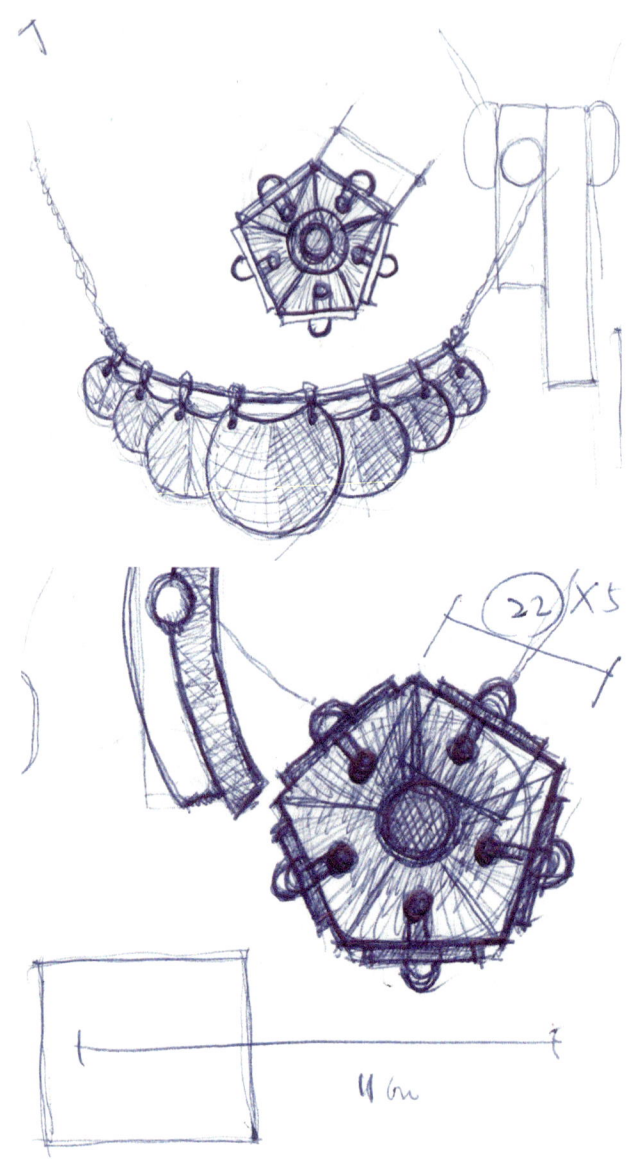

Drawing of Pendants

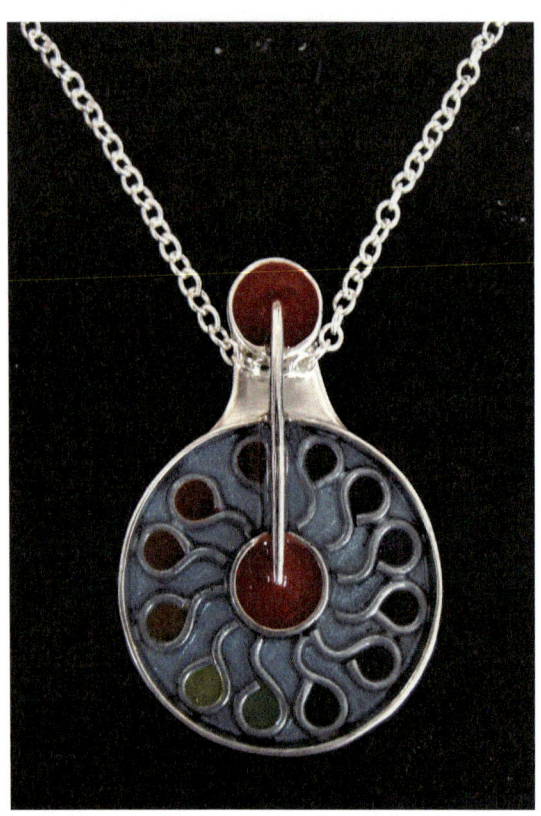

Earth & Moon Pendant, sterling silver, resin, size: 3.0×4.5× 0.3cm, Material (20gage silver sheet, 16gage silver wire, 14 gage silver wire), 2013

8. 지구와 달 Earth & Moon Pendant

하늘에는 해와 달이 있다. 해는 우리에게 밝음과 어둠을 주어 낮과 밤을 만들고 우리에게 온기를 준다. 우리의 생명을 주고 삶을 제공하는 근원이다. 반면 달은 우리에게 신앙적이고 정서적인 부분을 많이 주는 것 같다.

태양(Sun)의 직경 크기는 1,392,000km, 지구(Earth)의 직경 크기는 12,756km, 달(Moon)의 직경 크기는 3,474km다. 지구를 1로 보고 비율을 계산해 보면 109:1:0.27(태양:지구:달) 정도다. 실제 눈으로 이미지의 크기를 비교해 보면, 태양은 붉은색의 둥근 큰 원이 되지만, 상대적으로 지구는 눈에 잘 보이지 않을 정도로 작고 미미한 점이다.

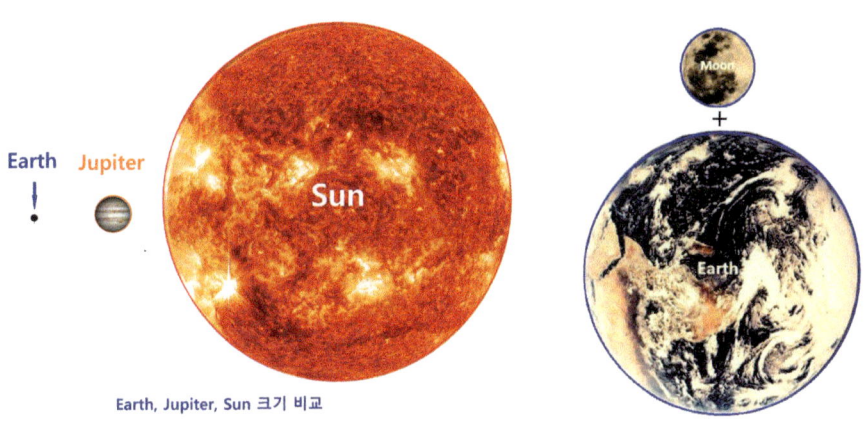

Earth, Jupiter, Sun 크기 비교

Earth, Jupiter, Sun 실제 크기 비교를 위한 작업 이미지

우리가 사는 지구는 태양과 비교하면 아주 작은 점에 해당하지만, 달과 비교하면 4배 정도 더 크다. 즉 달은 지구의 1/4 정도 크기다. 태양은 상대적으로 매우 크고 용광로 같이 불타고 있기에 지구와 달에게 많은 영향을 준다. 지구와 달은 태양 주위를 돌면서 태양의 영향에 울고 웃고 하지만, 실제 지구 땅 위에서 보면 해와 달은 우리 주위를 빙빙 도는 비슷한 행성으로 보인다. 해와 달은 우리 눈에 보이는 크기가 비슷하기 때문이다.

그러나 태양의 강렬함과 달의 은은함이라는 그 상징성과 역할은 크게 다르다. 옛날 사람은 태양을 강렬한 신으로 생각하였고, 반면 달은 소원을 들어주는 신으로 생각하였다. 실제로 지구에게는 태양이 없으면 못 살지만, 달은 없어도 살수 있다.

지구에서 보는 달은 무엇인가? 달은 햇빛을 삼켜서 달래고 품어서 얼랜다. 그리고 어둠으로 옷을 갈아입고 은은하게 우리에게 나타난다. 어둠 속에서 어둠을 보이는 것이다. 그리고 둥근달은 "원형이 가장 아름답다."라는 것을 알린다. 조금씩 비우면서 혹은 차면서, 언젠가는 '완전히 비워진다'는 것과 '완전히 채워진다'는 것을 일깨워 준다. 달은 1년에 12번 차고 비워지고, 그리고 연속되면서, 우리에게 죽음과 영생의 신비함을 느끼게 한다. 매일매일 함께하면서 그것은 우리의 신앙이 된다. 그래서 우리는 달을 보고 울고 웃고, 그림을 그리고, 시를 읊으며, 춤을 춘다.

나는 감히 해와 지구를 같이 둘 수가 없었다. 둘은 너무나 다르다. 하나는 너무 크고 뜨겁고, 다른 하나는 너무 작고 미지근하다. 하나는 주기만 하고, 다른 하나는 받기만 한다. 그래서 감히 둘을 함께 묶을 수가 없었다. 아니 내 감정이 해보다는 달을 향했는지도 모른다.

달은 지구와 비슷한 점이 많다. 달은 지구 품속으로 완전히 안길 수 있을 정도의 크기이다. 달은 매년 12번씩 자신의 모습을 채우고 비우면서 신비스럽게 지구에게 구애한다. 태양으로부터 빛과 온기를 받아 온몸으로 흡수해서 은은하게 어둠을 서로 나눈다. 그리고 서로 당기고 밀면서 사랑을 나눈다. 그래서 사람들은 달을 보고 울고 웃고 사랑을 노래했나 보다.

달은 우리 마음에 없으면 안 될 존재이다. 해가 없으면 우리 생명이 없지만, 달이 없으면 우리 마음이 없다. 달에 사람이 산다면 지구를 어떻게 생각할까?

그들은 큰 지구를 보고 더 많이 열광하고 울고 웃고 사랑을 노래했으리라. 지구는 달이 없어도 살아갈 수 있지만, 달은 지구가 없으면 생명을 이어갈 수가 없다. 그래서 달에 사는 사람들은 지구를 보면서 '영원히 사랑해' 하며 노래를 부를 것이다.

가득 찬 둥근달을 보며 우리는 많은 것을 기원했다. 성공과 건강을 기원하기도 하고, 결혼 혹은 아기를 원하면서 기도한다. 가득 담아 달라는 뜻일 것이다. 마호메트는 초승달을 보면서 깨달았다고 한다. 아름다운 시작과 방향을 뜻할 것이다. 이렇게 삶은 끝없이 차고지고, 다시 시작한다. 그것이 바로 원이다. 그러나 정지된 원이 아닌 끝없이 변화하는 원이다. 채워지고 비워지는, 밝아지고 어두워지는 원이다.

어스름한 달빛 아래 크고 작은 여러 가지 원을 그리면서 추는 여인네의 강강술래가 생각난다. 어두운 하늘에 수만 가지의 원을 그리는 정월대보름의 쥐불놀이도 생각난다. 문득 베토벤의 월광 소나타(피아노 소나타 제14번)가 듣고 싶어진다.

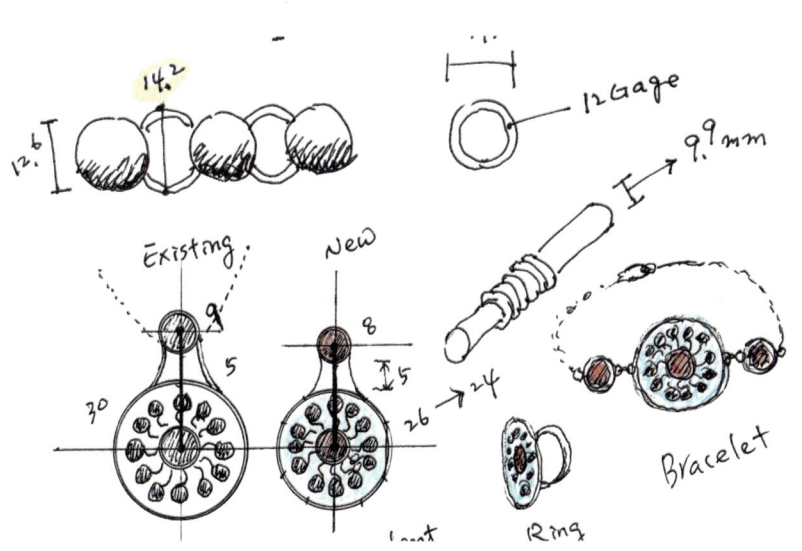

나는 태양에서 지구와 달을 바라보았다. 큰 원에 작은 원이 걸려있는 한쌍이

었다. 달을 품고 있는 지구와 그 밤하늘에 떠 있는 달을 중력으로 연결해 보았다. 하나의 선으로 큰 원과 작은 원이 연결된다. 그것은 12번을 차고 기운다. 그래서 큰 원을 12개로 나누고 12색깔의 작은 원을 원형으로 배치하여 그 위에 옅은 푸른 달빛을 넣었다.

그 빛은 뿜는 것이 아니라, 빛을 품고 나서 그저 가만히 내보일 뿐이다. 그것은 마치 달이 햇빛을 품고 달래어서 밤하늘에 보일 듯 말 듯 하면서 은근히 지구를 향해 얼굴을 내미는 것과 같다. 달은 그 모습과 색깔을 바꾸며 차고 비움을 반복한다. 그 느낌은 보는 사람의 마음에 따라 달라진다.

어느 날 작업에 몰입하고 있었다. 어떤 때는 말로 설명하는 것보다 직접 보여주는 것이 훨씬 빠르고 효과적이다. 갑자기 한 학우가 무턱대고 내 손을 잡고 밖으로 나갔다. 그녀는 손가락으로 펄럭이는 Flag를 가리켰다. Flag 속 내 작품을 발견하고는 나도 모르게 중얼거렸다.

"아니, 하늘에 내 작품이 펄럭이네!"

대학교에서는 매년 X-Mas 전에 Open House를 연다. 고등학생이 대학에 진학하기 위해서 친구, 혹은 부모와 함께 눈으로 마음으로 대학교를 견학하는 날이다. 이때 학교 홍보물 책자가 제공된다. 학교 홍보는 일 년 내내 여러 과정을 통하여 이루어지며, 방송과 신문에도 홍보되기도 한다. 그해 학교 홍보책자 표지에 내 작품이 실렸다.

나는 2018년 11월, 시카고 국제 전시회인 SOFA에 참가하면서 내가 다녔던 공예디자인대학교를 방문하였다. 그때 학교 내 작업실에 보관하였던 Earth & Moon Pendant를 SOFA를 관람 후 한국으로 귀국하면서 그것을 가지고 들어왔다. 대부분의 내 작품들은 전시 판매를 위해서 갤러리(Gallery)에 전달되었으나 이것만은 내 품에 있었다. 나에게는 너무 소중하였을 뿐만 아니라, 이 작품은 여러 번 학교 선전 깃발과 학교 홍보 책에 실렸고, 그리고 그 이미지는 줄곧 나의 가장 중요한 창작 요소가 되었기 때문이다.

2019년 봄이 오고 있는 3월 어느 날, LA에 사시는 존경하는 노부부님이 나를 방문하였고, 그때 나는 그분들에게 이것을 보여 드렸다. 그분은 이것을 처음 보자마자 감탄과 환호성을 외쳤다. 그러고는 여러 번 자기에게 팔 것을 간곡하게 요청했다. 나는 그분들에게 많은 신세를 졌다. 나는 가만히 생각에 잠겼다. 차라리 선물로 드리면 매우 좋겠다는 생각이 들었다. 그래서 나는 그랬다.

70을 훌쩍 넘은 그분은 그것을 손에 놓고는 어린애처럼 너무 좋아했다. 좋은 작품은 좋은 사람의 품에 가는 것이 정말 좋다. 그것이 나의 기쁨이고 행복이다. 아마도 Earth & Moon Pendant는 그분들의 사랑과 행복, 그리고 건강을 지킬 것이다.

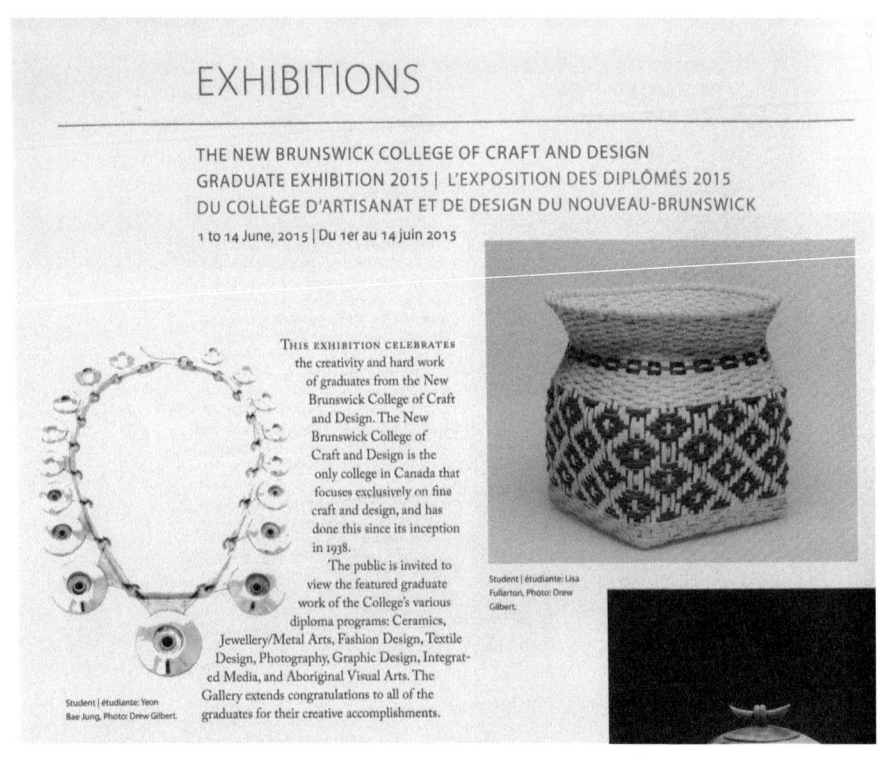

Chain Necklace(좌측 이미지), 2015 Tableau Vol.27 No1 published by Beaverbrook Arts Gallery, Fredericton, NB

9. 잡지에 실린 Chain Necklace

어느 날 주임교수가 나를 불렀다. 그리고 잡지 한 권을 펼치고 한 페이지를 보여 주었다. 내 작품 Chain Necklace 이미지가 그곳에 있었다. New Brunswick 주의 수도 Fredericton에는 많은 공직자들이 살고 있다. 그들은 다른 도시민들보다 예술을 특히 사랑한다. 그래서 이 도시에 제법 큰 공공미술관이 있다. 그 이름은 Beaverbrook Art Gallery다. 여기서는 매 분기별로 잡지(Tableau)를 발행한다. 2015년 Vol. 27, No 1호에 나의 Chain Necklace가 실렸다. 그래서 주임교수가 특별히 한 권을 챙겨 주었다.

Chain Necklace Unit 계획을 할 때였다. "원을 조합한 후에 어떻게 하면 풍부한 볼륨(Volume)을 표현할 수 있을까?", "유닛(Unit)을 서로 어떻게 연결하면 착용 후 뒤집히는 현상이 없을까?", 그리고 "전체적으로 Chain Necklace의 품위를 올리려면 어떤 디자인이 필요할까?"라는 세 가지 고민을 하게 되었다.

우선적으로 디자인 요소로 원형을 선택했다. Volume을 표현하기 위하여 볼록렌즈 같은 둥근 곡면입체에 큰 원과 작은 원을 삽입하여 사이마다 돌출과 침하를 만들고, 그 중앙에 Onyx stone을 배치했다. Dignity & Balance를 강조하기 위하여 Necklace 중앙 부분에 가장 큰 유닛을 만들어 배치하고, 주변으로 갈수록 조금씩 크기를 줄인 유닛을 배치하였다. 착용 안전성(Dignity & Stability)을 확보하기 위하여 각각의 유닛의 상부에 역삼각 고정날개를 달고 링(Ring)으로 연결하였다.

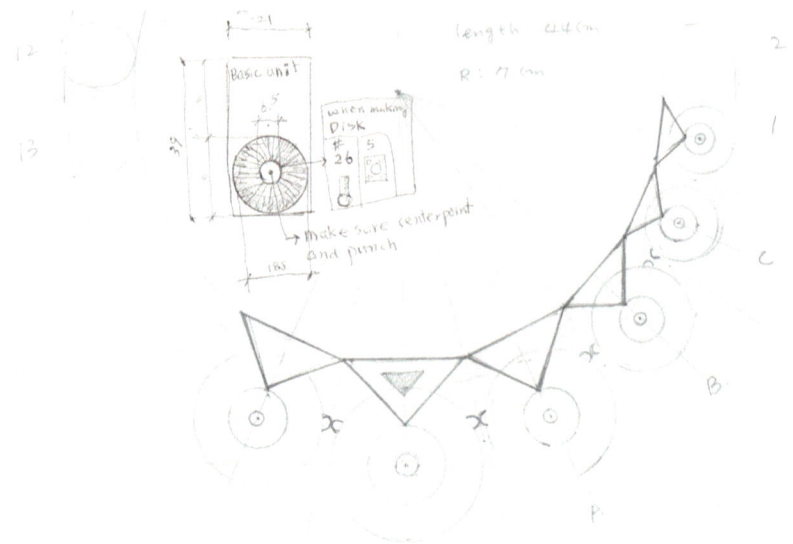

Drawing of Chain Necklace

결과적으로 돌출과 침하로 큰 볼륨감을 만들 수 있었고, 고정된 날개와 Ring 덕분에 전체적으로 착용 사이즈에 대한 유동성이 있으면서 안정적 착용이 가능했다. 좌우 대칭된 균형은 한 단계 격을 높이는 디자인 요소가 되었다.

완성 단계에 모형에 걸쳐 보았다. 폭 파인 드레스에 안성맞춤이었다. 동료 학생 중 한 명에게 착용케 하였다. 순식간에 한 여인이 여왕이 되었다.

Chain Necklace는 2014년 정규 작품 전시회(Annual Exhibition in the Old Government House of Fredericton)에 전시되었다.

2023년 여름방학 기간, 학교에서 3개월 작업을 할 때였다. Chain Necklace 가 헝겊에 싸인 채 Gallery의 서랍에 있었다. 가격이 비쌌고, 더욱이 무명천에 둘둘 말려 있었기에 쉽게 팔리지 않았던 것이다. 가만히 생각하니 다행이었다.

다시 업그레이드 작업을 했다. 길이를 늘이고 광을 내고 매듭부분을 보완하고 치장했다. 그리고 이것을 위한 특별한 상자(case)를 만들기로 했다. 좋은 그림이지만 프레임도 그만큼 좋아야 한다는 생각이었다. 나무와 구리판을 이용하여 나름 최고의 상자를 만들었다. 그리고 내부에 목걸이가 잘 앉을 수 있도록 천으로 마감했다. 그 결과, 근사한 case 덕분에 Chain Necklace가 돋보였다.

　이 목걸이는 매일 목에 걸쳐지는 것이 아니다. 파티나 특별한 날이나 내가 마치 왕비나 공주가 될 것 같은 날에 가슴 파인 드레스를 입고 목에 걸치는 것이다. 다만, 걸칠 때는 주인을 공주로 만들고, 안 걸칠 때는 특별한 case 안에서 주인의 마음을 설레게 하는 귀중한 전시품이 된다.

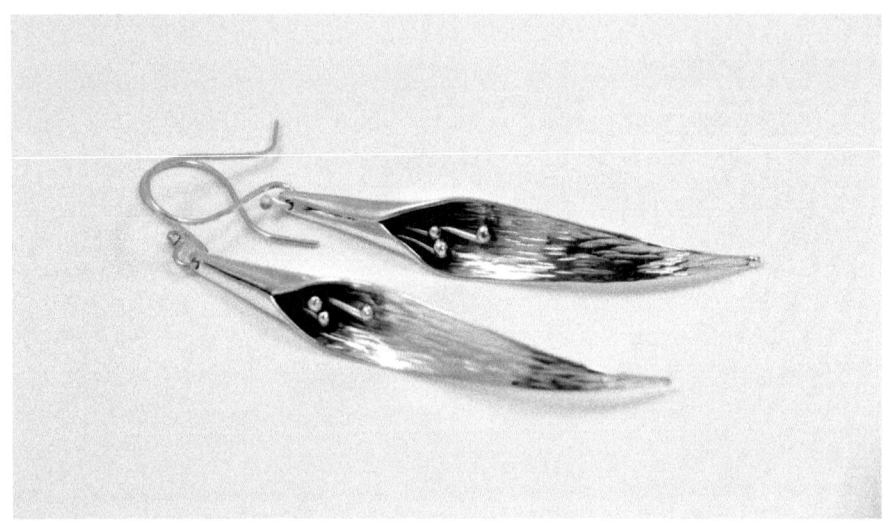

Flower Earring, sterling silver, 2014

10. 꽃 귀걸이와 탈 귀걸이
Flower Earring & Mask Earring

색다른 두 귀걸이를 만들 기회가 있었다. 하나는 '꽃 귀걸이(Flower Earring)' 고, 다른 하나는 '탈 귀걸이(Mask Earring)'다. 전자는 사실적으로 꽃 모양을 그 대로 표현하였다. 활짝 핀 은빛 꽃이 금방 나타날 것만 같았다. 후자는 사람의 얼 굴을 새겨 넣은 탈 모양의 귀걸이다. 매우 몽환적이다. 원시인? 이집트인? 그리 스인? 알 수 없지만 표정이 심상치 않다. 그것에 영혼이 서려 있는 것 같았다.

꽃 귀걸이는 망치와 은 용접으로 총 5세트를 동시에 만들었다. 형태를 잡은 후 에 내부에 수술을 삽입하였다. 그리고 다시 곡면화하고 표면에 텍스처(Texture) 를 넣었다. 꽃 귀걸이는 "과연 내가 망치로만 빠르고, 쉽게, 그럴 듯하게 꽃 모양 귀걸이를 만들 수 있을까?" 하는 실험의 장이었다. 꽃 귀걸이를 만드는 과정은 매우 계획적이었다. 어떻게 하면 꽃을 사실적으로 표현할까 하고 디자인하고, 작 업 순서를 짜고, 최종 결과까지 예상해 본 후 만들었다.

반면 탈 귀걸이는 "정으로 사람의 얼굴을 한번 새겨 볼까?" 하고 만든 것이 바 로 귀걸이가 되었다. 즉흥적으로 스케치를 하듯, 혹은 순간 생각을 메모하듯 한 순간에 생각난 것을 바로 만들었다. 비슷한 표정의 얼굴을 담은 귀걸이 한 세트 를 더 만든다는 것은 모방한다는 생각 때문에 단 1세트만 만들었다.

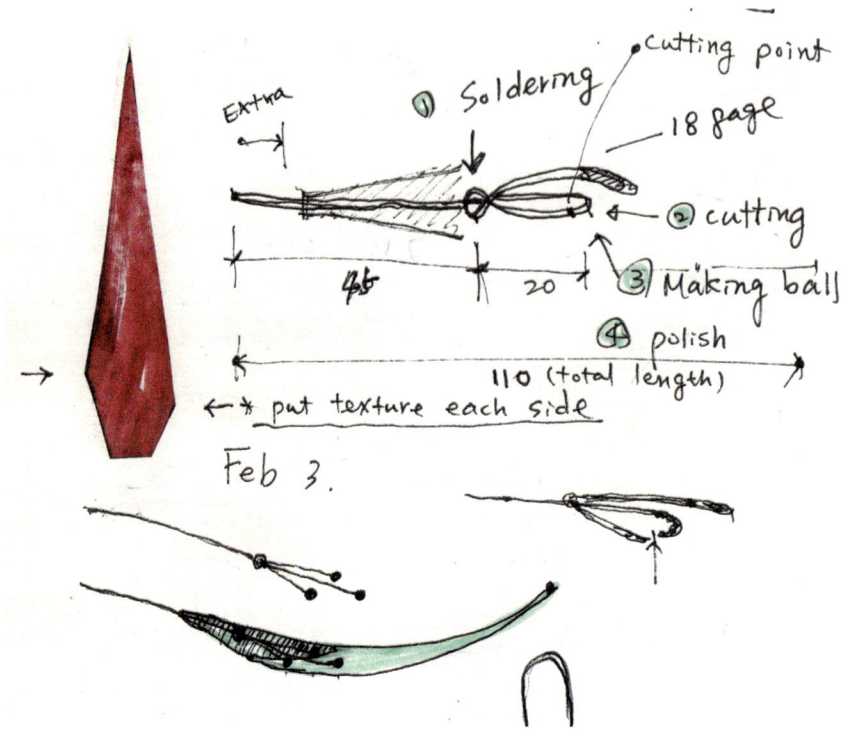

Drawing of the Flower Earring

Mask Earring, sterling silver, 2014

꽃 귀걸이를 완성한 후에는 "이렇게 사실적으로 만들 수가 있구나!" 하는 만족감을 얻었으나, 반면 탈 귀걸이를 만든 후에는 "뭐, 이것도 귀걸이이야?" 하는 의구심이 생겼다. 두 귀걸이를 X-Mas Open Sale에 내놓았다. '과연 고객들이 꽃 귀걸이와 탈 귀걸이에 대하여 어떻게 반응할까?' 하고 나는 관심이 매우 컸다. 그런데, "예쁘네, 예뻐." 하는 고객들의 감탄 소리와 함께 꽃 귀걸이는 다 팔렸다.

가끔 나는 내가 만든 귀걸이를 한 여인을 볼 때가 있다. 내가 만든 것은 잠깐만 스쳐도 쉽게 알 수가 있다. 그때 나는 혼자 은근히 웃는다. 어느 날이었다. 여인네 귀에서 내 꽃 귀걸이가 길게 매달려 흔들거리는 것을 보았다. "아 저런 아름다움이 있구먼!" 하고 그때 내 귀걸이에 대한 느낌을 알게 된다.

탈 귀걸이는 팔렸는지조차 몰랐고, 그 후 그 존재마저 잊어버렸다. 학교를 졸업하고 3년 후 대학원(Graduate Program)을 신청하여 공부와 작업을 병행할 때였다. 학교 빌딩 홀에서 학교를 관리 운영하는 행정관과 인사를 나누었다. 그녀는 나를 알고, 나도 그녀를 안다. 그녀는 공적으로 내 작품을 한 번 구입해 준 적이 있었다.

갑자기 그녀가 나에게 가까이 다가와서 고개를 숙이고 자기 귀를 내 눈 앞에 밀었다. 그녀의 귓밥에 달랑거리는 것이 바로 그 Mask Earring이 아닌가? 영혼이 나올 것만 같은 그녀의 얼굴에 작은 영혼이 귀 밑에 살짝 붙어 흔들리고 있었다. 흑인 혼혈인 그녀의 약간 검은 피부 색깔과 탈 귀걸이는 서로 정말 잘 맞았다. 저절로 소리가 나왔다.

"Oh my God…. Thank you very much."

그녀는 내 말을 제대로 들었는지, 귀걸이를 더 신나게 흔들어 대며 멀어져 갔다.

Bug Pendant, sterling silver, onyx stone, 2015

11. 귀국 선물 Bug Pendant & Bug Earring

대학교에서 금속공예(Jewellery/Metal Program)를 전공하고 졸업할 때였다. 학교 측에서는 내가 대학원(Graduate Program)에 진학하여 계속 학교에 남기를 원했다. 그러나 나는 더 이상 이 작은 도시에서 홀로 공부해 나갈 자신이 없었다. 이민생활 10년 동안 줄곧 향수병에 걸렸고, 최근에는 애들이 공부하기 위해서 타지방으로 가는 바람에 혼자가 되어 더 외로웠다. 일단 고국으로 돌아가서 생각해 보자는 생각으로 캐나다 생활을 정리하였다.

대학을 졸업하자마자 바로 집과 자동차를 처분하였다. 그리고 달랑 배낭 하나만 남기고 모든 생활품을 정리하였다. 나는 배낭을 메고 Halifax를 출발하여 캐나다 대륙을 가로질러 갔다. 두 아들이 있는 캐나다 중부 Saskatchewan주에 좀 머물다가 한국으로 건너갈 계획이었다.

Fredericton-Moncton-Halifax-Quebec-Ottawa-Montreal-Toronto 경로로 배낭여행을 하고, 비행기로 Toronto에서 애들이 있는 Saskatchewan으로 갔다. 그곳에서 애들과 함께 2개월 동안 지내다가 버스로 Calgary-Banf-Vancouver를 지나 비행기로 고국에 왔다.

고국에 가면 오랜만에 형제들을 만날 것이다. 귀국 선물이 필요했다. 모든 것을 정리하고 배낭 한 개만 달랑 메고 캐나다 대륙을 횡단해야 하는데 귀국 선물을 준비하기란 어려웠다. 물론 캐나다 마지막 도착지 Vancouver에서 선물을 준비하면 될 일이다. 한두 개는 쉬우나 여러 명의 선물을 근사하게 준비한다는 것은 경제적으로 부담이 되었다.

Bug Earring, sterling silver, pearl, 2015

내 특기를 이용하였다. 6월 초순에 나는 학교의 허락 아래 Fredericton을 떠나기 일주일 전부터 학교 작업실에서 일을 하였다. 귀국 선물을 만들기 위해서였다. 꼬박 일주일 동안 누이 세 분, 여동생, 형수에게 드릴 선물로 목걸이와 귀걸이를 디자인하여 만들었다. 귀걸이와 목걸이는 사이즈를 고려할 필요가 없었기 때문에 선택되었다.

떠나기 며칠 전부터 틈만 나면 디자인에 대하여 생각하였다. 멍청해지기도 하고, 허공에 시선을 두기도 했다. 그러자 갑자기 하나의 형태가 나타났다. 작업을 시작하는 날 바로 목걸이와 귀걸이의 기본 디자인을 마치고 조금씩 변형을 가했다.

아무도 없는 일주일이란 꽹장히 긴 시간이었다. 모든 장비와 기구를 혼자 사용할 수 있기 때문에 기다릴 필요가 없었고, 저녁 늦게 작업도 가능하기 때문이었다. 형제를 위한 선물이다. 몰입 작업은 당연 즐거울 수밖에 없었다. 라디오 음악을 틀어놓고 일을 하니 더더욱 행복했다.

목걸이 하나와 귀걸이 네 개를 만들어 헝겊에 돌돌 말아 배낭 깊은 곳에 넣었다. 크기와 무게는 여행하는 데는 아무런 상관이 없을 정도로 간단했다. 6월에 내가 살던 캐나다 동부 도시 Fredericton에서 출발해 캐나다 대륙을 횡단하여 그해 12월 초 한국에 도착했다. 도착 며칠 후 고향인 경주로, 누이 댁의 서울로, 그리고 작은누이 댁과 여동생 댁의 부산으로 향했다.

오랜만에 보는 막냇동생이 얼마나 반가웠겠는가. 캐나다에 이민을 갔다가 이제 배낭 하나만 메고 돌아온 막내를 보니 딱하기도 했으리라. 나는 귀걸이 혹은 목걸이 한 점을 선물로 내놓았다. 남들이 흔히 방문하는 공항 면세점에서 구입한 근사한 것이 아닌, 고국에서는 쳐다보지도 않는 괴상한 은제 귀걸이와 목걸이다. 형제니 이해했으리라. 그래도 번쩍 떠오르는 아이디어를 잡아 대학교 작업실에서 만든, 세상에 하나밖에 없는 목걸이고 귀걸이였다.

Ladybird Earring, sterling silver, plum red ruby(lab-created stone, cabochon round 8mm), size: 1.6×3.0×0.7cm, 3g/ea

12. 유혹의 메시지 Ladybird Earring

모양과 색깔이 화려한 벌레는 많다. 그 종류도 다양하다. 그중에서도 '무당벌레'는 독특한 모양과 색상을 가진다. 무당벌레는 붉은 바탕의 검은 점박이가 있는 돔 형태의 작은 몸체를 가지고 있다. 그 색상과 형태는 보는 사람의 마음을 강하게 압박하면서 시선을 사로잡는다.

어린 시절 들판에서 그놈을 많이 보았다. 어린 마음에 그것이 너무 매혹적이어서 맨손으로 잡아 손바닥에 놓으면, 그놈은 갑옷 같은 둥근 등가죽 안에서 날개를 내어 하늘로 날아가 버린다. 그놈의 신기한 행동에 놀란다. 그제야 무당벌레가 날아다니는 벌레임을 안다. 그래도 금방 그 사실을 잊어버리고 다시금 그놈을 잡아 손바닥에 놓는다. 아마 그때 어린 마음은 매혹적인 무당벌레의 디자인과 색채에 반했던 모양이다.

지금 보아도 정말 화려하다. 붉은 바탕에 검은 점은 정말 매혹적이다. 그것이 신기하여 손으로 잡으려 하면 날아가는 것을 보고 깜짝 놀란 추억이 아직도 생생하다. "어쭈 이놈이, 깜찍한 옷을 입은 이 작은 놈이 날기도 하네!" 하면서 신기해하였던 것이다.

무당벌레 수채화, 2025

사람들은 그 벌레를 왜 '무당'이라고 이름 지었을까? 나는 상상해 보았다. 그 옛날에는 모든 사람들의 옷은 흰색이었다. 그런데 오직 마을에 한 명 있을까 말까 하는 무당만이 알록달록한 색깔 옷을 입고 굿을 했다. 특이하고 별스러운 차림이었다. 사람들 눈에는 강렬한 느낌의 존재였다. 어느 날 사람들이 알록달록한 벌레가 날아다니는 모습을 보자 "저놈 무당 같네!" 하고 소리쳤을 것이다. 그래서 그놈의 이름은 무당벌레가 되었다.

다른 세계에서는 그 벌레를 무엇이라 이름 지었을까? 영어로 Ladybird Beetle 이다. '아가씨새벌레(저자가 번역한 이름)'이다. 우리의 관점과 판이하게 그들의 눈에는 그놈은 잘 꾸민 여인처럼 보였다. 그래서 그런가. 그놈의 이름은 Ladybird Beetle이다.

알록달록한 색깔의 작은 벌레가 기어가기도 하고 날아다니기도 한다. 그놈을 처음 보고는 누구는 춤추는 무당을 떠올렸고, 누구는 잘 꾸민 여인네로 상상했다. 똑같은 것을 보고 느끼는 감정이 하늘과 땅 차이만큼이나 달랐다. 환경의 차이가 관념의 차이를 만들었다. 나도 어릴 적부터 "무당벌레야." 하고 자주 듣고 말하다 보니, 허참 내 눈에도 당연 그놈은 무당으로 보였다. 그런데 무심코 보니 그놈은 '잘 꾸민 여인' 같기도 했다.

무당벌레는 진딧물(Aphid)을 먹고 산다. 진딧물은 식물의 액즙을 빨아 먹고 살며, 또한 식물의 바이러스를 전파한다. 진딧물은 식물에 대하여는 심각한 해충인 셈이다. 이 해충을 먹는 것이 바로 무당벌레다. 그래서 무당벌레는 식물에게 큰 익충이다. 결국 식물을 수확하는 농부에게는 큰 도움을 주는 곤충이다. 요즈음 농약 살포가 일반화되면서 무당벌레도 해충과 함께 사라지고 있다. 그래서 오늘날 무당벌레를 쉽게 볼 수 없다.

무당벌레(Ladybird Beetle)의 몸체와 그 위에 있는 점은 색깔과 형태에 있어서 매우 강렬한 느낌을 준다. 그리고 수시로 다양하게 변화한다. 이는 적에게 강렬한 인상을 남겨 쉽게 잊지 못하도록 기억되게 함이다. 생태계에서 무당벌레를

탐하는 무리들은 많을 것이다. 그들의 머릿속에는 무당벌레가 별스럽고 경계해야 할 놈으로 각인되면서, 다시 접근하는 것을 싫어하게 만드는 것이다. 자기를 보호하는 본능이다.

그러나 그저 내 눈에는 그놈은 아가씨새, 즉 Ladybird일 뿐이다. 자신을 강하게 표현하는 '아가씨새벌레'는 마치 여인과 같다. 아름다운 색깔과 형태로 자신을 표현한다. 붉은색과 검은 점점이는 아가씨의 검은 눈과 빨간 입술을 연상시킨다. 그놈의 생태계를 이해하면 '강렬한 아름다움'은 나를 함부로 대하지 말라고 하는 메시지 같지만, 내 눈에는 강렬한 유혹으로 비친다. 그뿐만 아니다. 그들은 다리로 걸어 다니는 곤충이지만, 어떤 때는 날기도 한다. 그래서 그놈은 '멋과 자유'라는 메시지를 동시에 나에게 보낸다.

무당벌레에서 하나의 형태를 잡아 귀걸이를 만들어 보았다. 이렇게 Ladybird Earring이 탄생했다. '멋과 자유', 이것을 귀에 걸고 파티에 참석하는 그대도 그런가? 보는 이에 따라 그 메시지는 수만 가지로 달라진다. 덕분에 파티는 더욱 다채롭게 익어갈 것이다. 이래저래 보는 이의 마음에 깊은 흔적이랑 남았으면 좋겠다. 그것은 항상 사랑이었으면 한다.

Donut Earring, sterling silver, oxided, size: 1.2×1.2×L3.0cm, 5g/ea, 2018

13. 고리형 귀걸이와 부채 귀걸이
Donut Earring & Fan Earring

　큰 원과 작은 원 사이를 채우거나, 혹은 큰 원판의 중앙을 비우면 환형(Donut) 형태가 된다. 옛날에는 그런 형태를 귀걸이로 만들었고, 그 이름을 고리(태환)라 했다. 매우 흥미로웠다. 간단히 내 손으로 고리형 귀걸이를 만들어 볼까? 복잡한 형태라고 할지라도 많은 시간을 들이면 누구나 만들 수가 있고, 또한 특수한 장비를 이용하면 누구나 쉽게 만들 수도 있다. 그러나 그 옛날 시대로 돌아가서 손으로만 만들어 보면 어떨까? 그런 호기심으로 시작하였다.

신라 고리형 귀걸이, Source: The Met, Open Access, 이미지 합성

　공예디자인대학교에서 대학원(Graduate Program)의 마지막 학기였다. 이때쯤이면 이미 금속공예에 많은 경험을 쌓은 때다. 평소 나는 Donut 모양의 고리형에 대하여 흥미를 느끼고 있었다. 평소 나는 은판으로 작은 구슬을 만들면서 무심히 그 구슬을 바라보는 시간이 많았다. 그런 구슬을 보고 어느 날, 이런 형태의 귀걸이를 '내 손으로 간단하고 쉽게 만들 수 있을까?' 하고 고민하였다. 갑자기 하나의 아이디어가 머릿속에서 번쩍였다.
　바로 작업에 들어갔다. Wheel 형태를 만들었고, 그것을 다시 한번 더 개량하였다. 그 결과 유물과 비슷한 귀걸이가 탄생했다. 볼수록 비슷한 형태이고 비슷한 느낌이었다. 나는 그 이름을 Donut Earring이라 불렀다.

학교에는 Disk Cutter, Dapping Die 같은 기본적인 도구만 있다. Dome을 만들고 그 곡면 위에 정으로 작은 Dome을 만들어 보았다. 아주 쉽고 간단하게 반쪽 Donut형을 만들 수가 있었다. 여러 번 시연을 한 후 표준화된 작업 과정을 만들었다.

네 단계(silver sheet → making dome → making half donut → soldering two half donuts together) 과정으로 도넛 형태를 만들고 중심에 Ring을 걸었다. 이는 간단하면서 빠르게 만들 수 있는 나만의 방법이 되었다. 이를 기본적인 형태로 삼고, 다시 Ring에 원형 장식을 달아보았다. 좀 더 흥미로운 귀걸이가 되었다. 어쨌든 내 식으로 간단하게 옛것을 표현할 수 있었다. 이것은 볼륨감과 균형미도 있고 특별한 형태미마저 보였다.

옛것과 똑같은 형태이다. 다만 금으로 만든 것은 권력의 냄새가 우선적으로 나지만 은빛이 나는 것은 기하학적인 형태미가 먼저 보인다. 전자는 얼굴에 권위를 부여하지만, 후자는 얼굴에 아름다움을 더한다. 이것을 만들자마자 나는 Donut Earring의 아름다움에 반했고 해냈다는 것에 만족했다.

Fan Earring, sterling silver, cubic stone, oxided, 2015

작업에 몰입하다 보면 문득 번쩍이는 디자인이 생각날 때가 있다. 그때는 바로 만들어 보아야 하는 것이 내 성격이다.

〈Dome → 표면에 조각 → 중앙에 Cubic Stone 세팅 → 꼬리달기〉

머릿속의 이미지를 구체화하니 아주 재미있는 귀걸이가 되었다. 보면 볼수록 묘한 느낌이 났다. 다소 평면적이나 아기자기한 입체감을 느낀다. 내 느낌으로는 기하학적 평면 형태의 아름다움과 함께 다소 한국적이면서 이국적이다. 팬 모양을 닮아 Fan Earring이라 했다.

나는 이 귀걸이를 존경하는 주임교수에게 크리스마스 선물로 주었다. 이것을 받은 그녀는 평생 간직할 것이라 하였다. 그녀는 내가 참석하는 행사에는 꼭 이 귀걸이를 착용하였다. 나에 대한 고마움의 표시였다. 그것은 백 마디 말보다 더 큰 감사의 표현이었다.

나는 항상 새로운 것을 추구한다. 똑같은 것을 여러 개 만드는 것은 나에게는 지루함을 주기 때문에 나는 한 번 만든 것을 다시 만드는 것을 좋아하지 않는다. 그래서 이것을 다시 만들 기회는 없었다.

목걸이보다 귀걸이가 얼굴 느낌에 많은 영향을 준다. 그래서 어디든, 어느 때든 귀걸이로 쉽게 자신의 얼굴을 특별하게 할 수 있다. 잘만 하면 귀걸이는 나를 나답게 돋보이게 하면서 자존감을 높인다. 금빛 옷보다 나만의 디자인된 옷이 나를 나답게 만들고 나를 폼 나게 하듯이 말이다.

세상에 하나만 존재하는, 손으로 만든 귀걸이다. 몸에 돈으로 치장하는 것이 아니라, 좋은 디자인으로 나만의 스타일을 만드는 것이 현대를 살아가는 가장 멋있는 자유인의 생활 방식일 것이다.

Linked Donut Necklace, weight: 112g, L74×D1cm, sterling silver, bronze, oxided, 2018

14. 도넛형 세트 Donut Set

내 나름대로 Donut Earring을 만든 적이 있었다. 여기서 재료를 Silver에서 Bronze로 바꾸고 빗살무늬 텍스처를 넣어보았다. 그리고 반쪽 Donut 모양으로 변형해 보았다. Donut 중앙에 작은 돌(Stone)을 넣어 심어 보기도 하고, 진주를 넣어 보기도 하였다. 그 결과 색다른 또 하나의 귀걸이, 팔찌, 그리고 목걸이(A set of bracelet, earring, and pendant)가 되었다.

여기서 만족하지 않고 팔찌로도 사용할 수 있고 목걸이로도 사용할 수 있는 Linked Necklace을 만들어 보았다. Donut 양쪽에 삼각형 고리를 달고 Ring으로 서로 연결하였다. 어렵고 지루한 은 용접의 연속이었다. bronze donut 중앙에 silver tube을 삽입하여 보니 그 모양과 대비가 정말 좋았다. 진한 커피색 원형 중앙에 은빛이 나는 작은 원형 파이프(tube)는 매혹적인 강조가 되었다. 주변 색과도 잘 조화로웠다.

튼튼하고 단단한 재료와 구조다. 보고 또 보아도 지루하지 않은 모습이다. 그리고 손으로 감싸서 만져 보면 규칙적으로 변하는 촉감을 느낄 수 있다. 대대로 물려주어도 될 값어치 있는 것이리라.

누군가를 기다릴 때나 세상을 뒤돌아보거나 굽어볼 때, 구슬(beads) 혹은 염주(a rosary)를 돌리듯 가끔 엄지로 Donut 하나하나를 넘겨 보는 것은 인내심과 자기 성찰의 기회가 되기도 하고, 영원성이 무엇인지를 생각하게 하는 시간도 될 것 같다.

A set of bracelet, earring, & pendant, sterling silver, bronze, pearl, cubic, oxided, 2018

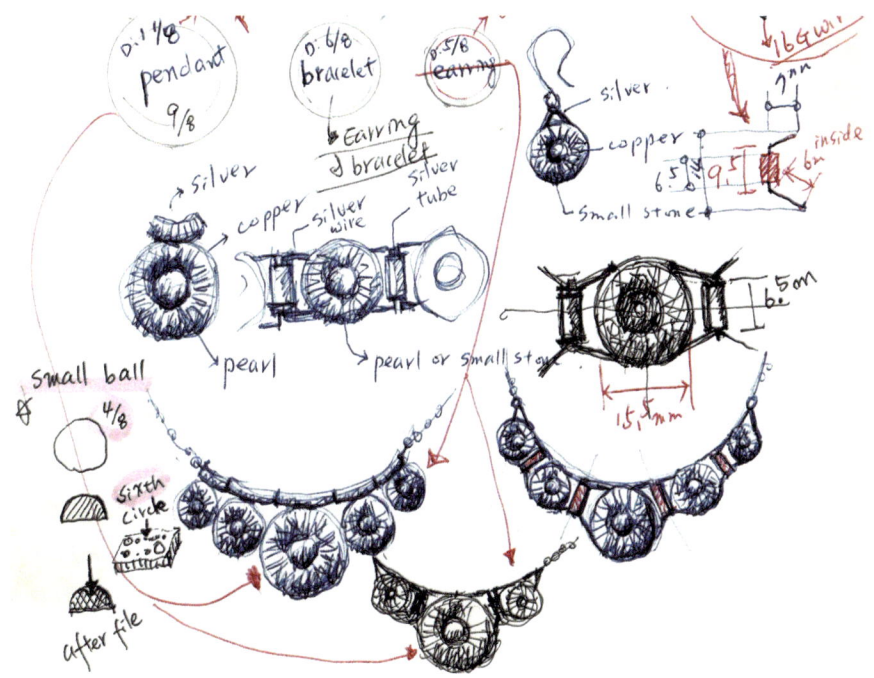

- D: 1 4/8 pendant 9/8
- D: 6/8 bracelet
- D.5/8 earring
- silver
- copper
- silver wire
- silver tube
- Earring & bracelet
- pearl
- pearl or small stone
- silver
- copper
- small stone
- 16 Gw
- 7mm
- inside
- 6m
- 6.5
- 9.5
- 5cm
- 6c
- 15.1mm
- small ball
- 4/8
- sixth circle
- after file

Drawing of Various Styles

77

Lotus Bracelet, sterling silver, size: W1.1×T0.5×L20.0cm, 23g, oxi-
dized, 2016

15. 연꽃 팔찌 Lotus Bracelet

종교마다 나름대로 상징물이 있다. 연꽃(Lotus)은 불교의 중요한 상징으로 불탑에 많이 조각되어 있다. 부처(Buddha)는 연꽃으로 조각된 좌대에 앉아 있다. 불상의 손에 연꽃이 쥐어져 있는 경우도 있다. 사찰 안과 밖, 또한 뜰 구석구석에 연등을 만들어 불을 밝힌다. 이렇게 연꽃의 이미지는 사찰의 구석구석에 배어 있다.

또한 연꽃은 불교에서 교리를 설명하는 귀중한 꽃으로 여기고 있다. 연꽃은 진흙이나 더러운 연못에서 피지만 더럽혀지지 않고 맑고 깨끗한 꽃을 피운다. 그래서 속세의 더러움 속에서 피되, 더러움에 물들지 않는 청정함을 상징한다. 즉, 연꽃은 극락세계를 상징하는 것이다. 불교는 자기 스스로 깨쳐 부처가 되는 것을 목표로 하는데, 연꽃의 피는 과정이 이와 같다. 부처가 연꽃으로 만든 자리(연화대좌)에 앉아 있는 것도 그러한 이유다.

부처와 연꽃, Source: ChatGPT(Open AI)

은판으로 작은 돔을 만들어 중앙에 꽃술을 넣고, 주변에는 꽃잎을 새겼다. 그리고 그것을 서로 링으로 연결하였다. 둥근 링은 윤회를 말한다. 끝부분에는 목탁의 이미지를 만들어 그것을 연결 고리로 삼았다. 목탁은 물고기 형상에서 유래되었으며 경각심을 알릴 때 쓰는 도구이다. 깨우침을 상징한다. 마지막으로 표면을 산화(Oxidized)시켜 색깔을 입혔다. 반짝반짝 빛나는 것보다 광택을 없애어 자신을 낮추고자 하였다. 이렇게 하여 연꽃 팔찌(Lotus Bracelet)가 탄생했다.

욕심으로 찬 인생이다. 인생의 힘듦과 고통은 그것으로부터 나온다. 욕심을 내려놓고자 하는 것이 부처의 마음이다. 진흙에서 깨끗한 꽃을 피우는 연꽃처럼 말이다. 그런 마음으로 팔찌를 디자인하고 만들었다. 화려하고 특별한 것을 만드는 것이 아니라, 간단한 이미지를 만들어 은판에 정성을 들여 표현했다. 한 번에 많은 것이 아닌 조금이라도 욕심을 내려놓는 것이 중요하다. 그런 마음으로 만들었다.

팔찌는 목탁 이미지에서 시작하여 연꽃 모양이 끝없이 서로 연결되는 구조다. 이는 목탁 소리를 시작으로 하나씩 하나씩 나를 내려놓고자 하는 과정이다. 목탁 소리는 경각심을 일으키는 깨우침의 소리다. 이 팔찌를 차는 것은 소리와 무관한 시각과 감각의 세계다. 이것을 지닌다는 것은 사찰이라는 특정된 장소뿐만 아니라 일상에서도 매 순간순간 눈과 촉감으로 마음의 목탁 소리를 스스로 만들면서 조금씩 그리고 조금씩 마음을 비우고자 하는 의지다. 이것을 손목에 두면서 보고 느끼면 목탁 소리와 함께 그대는 이미 연꽃이어라.

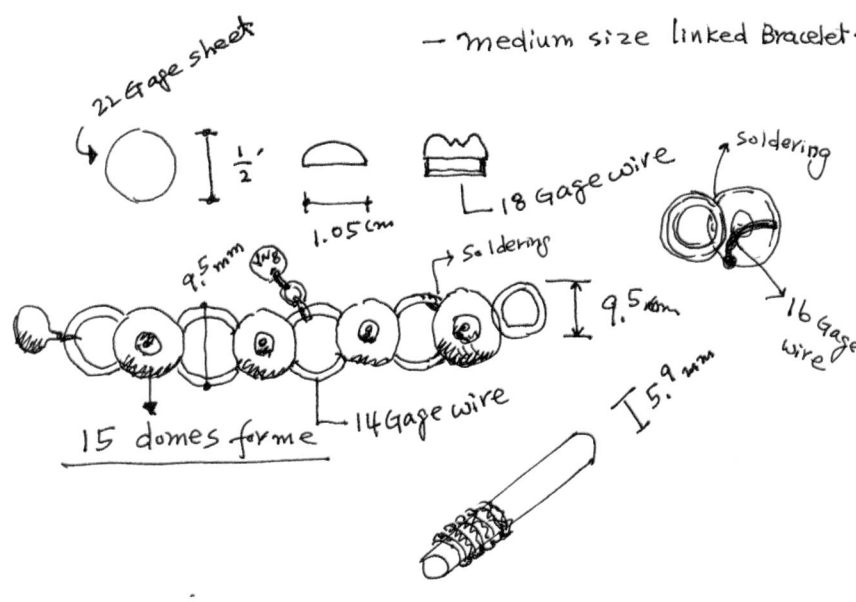

— medium size linked Bracelet.

22 Gage sheet

½'

1.05 cm

18 Gage wire

Soldering

16 Gage wire

9.5 mm

Soldering

9.5 mm

15 domes forme

14 Gage wire

5.9 mm

디자인 스케치

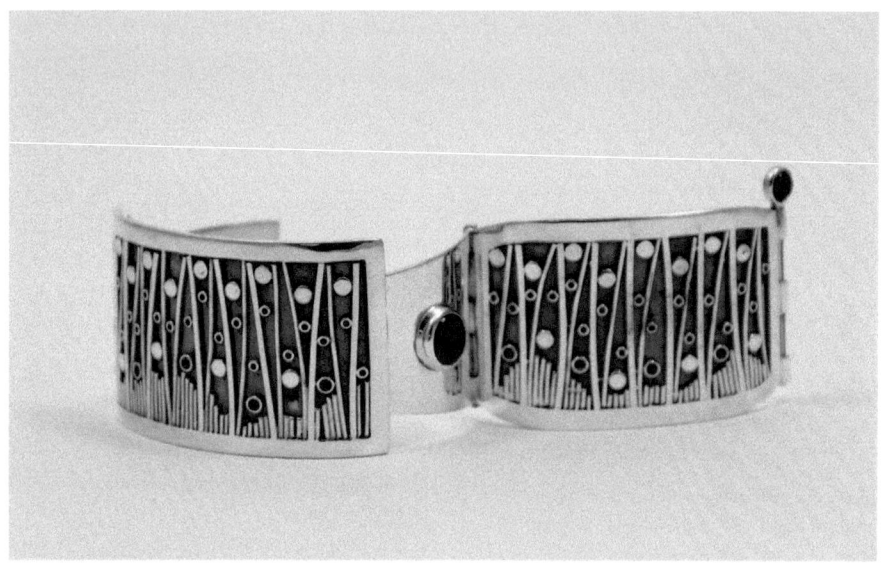

Landscape Bracelet, Sterling silver, Onyx stone, oxided, 2015

16. 캐나다 자연 Landscape Bracelet

캐나다를 대표하는 예술가는 당연 Group of Seven이다. 그들은 1920년에서 1933년까지 주로 캐나다 자연의 전경을 화폭에 담았다. Franklin Carmichael, Lawren Harris, A. Y. Jackson, Frank Johnson, Arthur Lismer, J. E. H. MacDonald, Frederick Varley, 이렇게 7명이었다. 나중에 A. J. Casson(1926년 가입), Edwin Holgate(1930년 가입), LeMoine FitzGerald(1932년 가입), 3인이 추가로 참가하여 총 10명의 그룹이 되었다. 그 후 그룹은 그들의 본고장인 온타리오와 퀘벡 지역에서 그 기반을 캐나다 전역으로 넓혀 나갔다.

그 당시 캐나다 예술인들은 유럽과 파리의 영향을 많이 받았으나, 유럽의 영향에 벗어나 자기들만의 예술 세계를 시도하였다. 자신의 정체성을 찾으려 했던 것이다. 그 대상은 광활한 캐나다 자연이었다. 그 시조는 Thomas John Thomson이었다. 그들은 캐나다 전역을 돌아다니면서 아름다운 자연을 관찰하고, 그곳에서 캐나다 이미지를 찾으려 했다. 그리고 캐나다 자연의 아름다움과 그 자연에서 어울려 사는 사람들의 모습을 자신의 화풍으로 표현하였다. 유럽풍의 화풍에서 벗어나 캐나다 자연과 사람에서 자신을 찾았던 것이다.

캐나다 자연은 정말로 아름답다. 그리고 광대하다. 면적은 9,985,000km²로 미국과 중국보다 약간 넓고, 세계 1위인 러시아 다음으로 넓다. 남한 면적의 100배다. 서부의 로키 산맥, 설빙의 북극 지방, 동부의 강과 산림지역 등등 다양하고 아름다운 자연 환경을 자랑한다. 그러나 캐나다에서 살다 보면 아름다운 자연은 당연한 것으로 여기게 된다. Group of Seven은 흔하디흔한 아름다운 캐나다 자연에서 캐나다다운 이미지를 찾은 것이다.

Collaged paintings of Group of Seven by hand work, 2014

공예디자인대학교 졸업 학기에서 "Group of Seven의 작품을 감상한 후 금속에 캐나다 자연을 담아 보라."고 하는 팔찌 프로젝트(Bracelet Project)가 있었다. 나는 캐나다 동부에 오랫동안 살았다. 캐나다 동부 전역은 산림이 우거진 낮은 구릉과 평원으로 구성되어 있고, 그 사이 천천히 흐르는 넓은 강줄기가 있다. 자연은 봄, 여름, 가을, 겨울, 사시사철 각각 색다른 옷을 입는다. 푸름의 봄과 여름, 단풍의 가을, 그리고 하얀 눈의 겨울은 캐나다의 독특함이다. 이러한 아름다움은 동부 캐나다의 일상의 모습이기도 하다.

나는 우선 Group of Seven의 여러 그림을 많이 감상했다. 그리고 내 눈으로 보았던 캐나다 자연을 떠올렸다. 그다음 하나의 이미지를 만들어 그것을 여러 번 스케치해 보았다. 이것을 바탕으로 팔찌의 전면과 후면 패널을 디자인하였다. 전면 후면 사이에 측면 패널을 두었고, 총 4개의 패널, 즉 전면, 측면, 후면, 측면 패널 이런 순서로 힌지로 서로 연결하였다.

힌지를 패널 안에 두어 힌지가 보이지 않도록 했다. 측면 패널은 편안한 착용감 위하여 곡면으로 디자인했다. 전면과 후면 패널은 양각 효과를 주기 위해 두 개의 층을 두었고, 중세 기사의 강인함을 표현하기 위해서 넓은 폭으로 디자인하였다. 양 측면 패널에는 검은색의 Onyx Stone를 세팅하여 고급스러운 맛을 더했다. 돌출면의 은빛이 두드러지게 하기 위해서 Oxidizing 기법을 사용하여 바탕을 어둡게 하였다.

패널의 이미지는 마치 컴컴한 밤에 새벽의 작은 빛이 하얀 눈이 덮인 나뭇가지 사이를 제일 먼저 지나갈 때의 모습이다. 이 팔찌를 차는 것은 캐나다 겨울을 팔에 걸치는 것이 된다. Group of Seven이 아름다운 캐나다의 자연을 화폭에 담은 것처럼, 나는 Group of Seven이 표현한 캐나다의 자연을 금속면에 표현하였다. 그해 이 작품을 토론토 Great White North Exhibition에 응모하였고, 나는 Best in Technical로 선정되는 영광을 안았다.

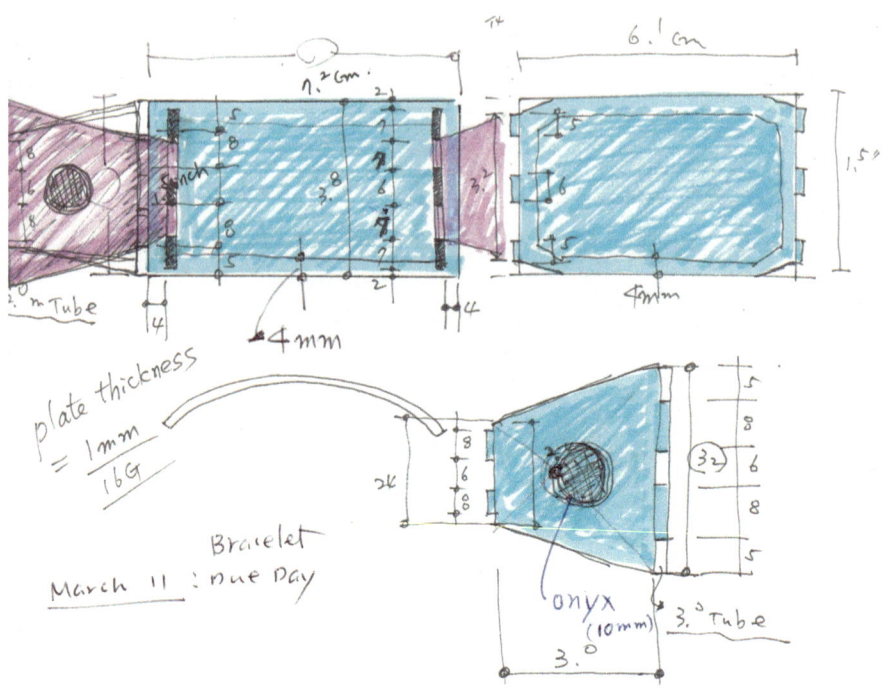

Shop drawing

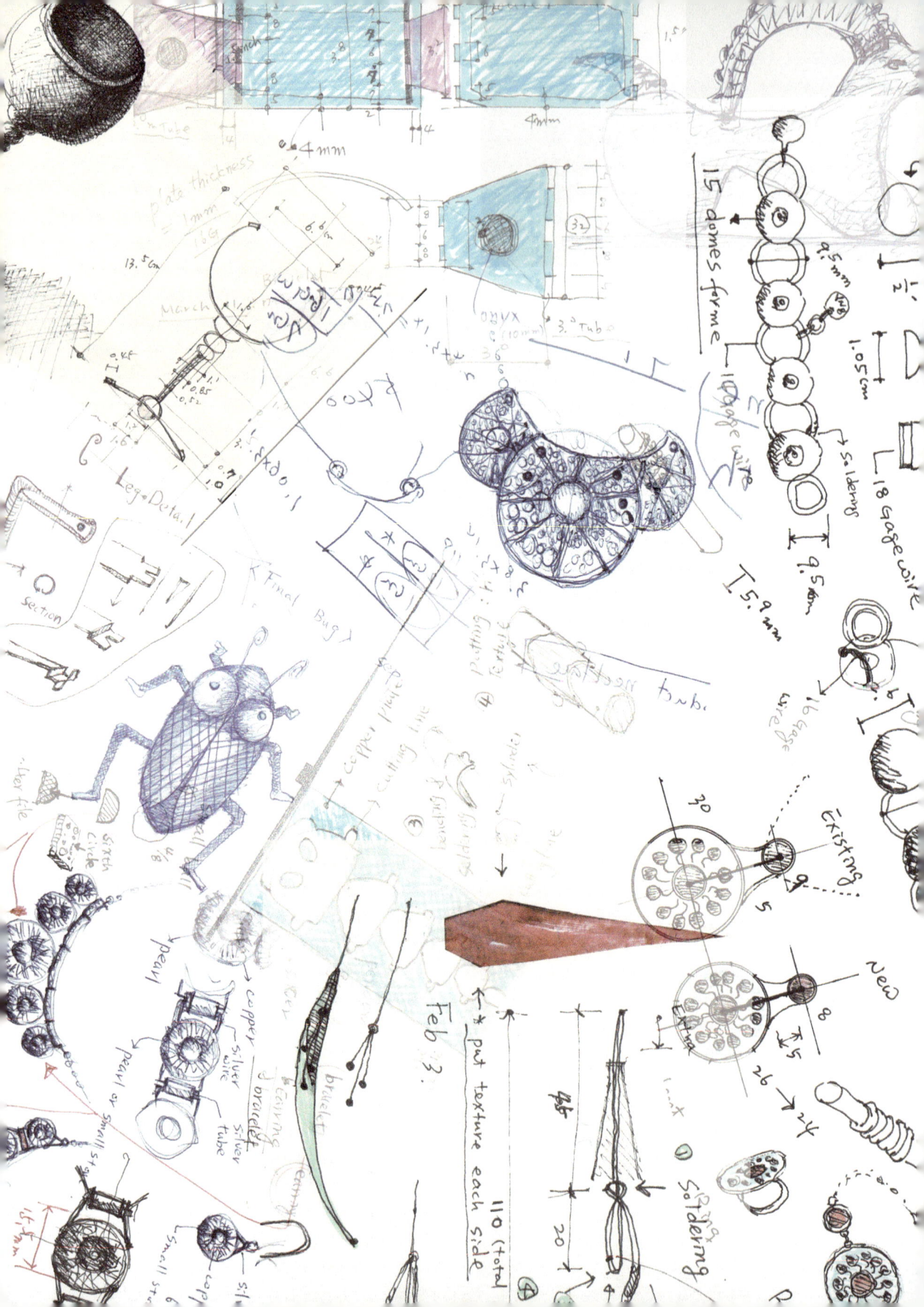

Chapter 2.
추억을 담다

Sea Locket, sterling silver, resin, pearl, 2014

17. 바다 추억
Sea Locket & Sea Shell Pendant

Locket은 사진이나 작은 기념물을 보관할 수 있는, 내부 공간을 가지는 Pendant의 일종이다. 보통 결혼이나 발렌 타인 등등 특별한 날에 사랑하는 사람으로부터 선물로 받는다. 19세기 영국 빅토리아 시대(Victorian Age)에 많이 유행했었다. Locket은 Container 혹은 Box라고 말해지기도 한다.

Drawing of a Victorian Locket with pictures

공예디자인대학교 시절이었다. "Victorian Locket을 알아본 후 Locket을 디자인하여 만들어 보라."는 프로젝트가 있었다. 나는 우선 여러 종류의 빅토리아 스타일의 Locket에 대하여 공부했다. 그런 후에 나만의 Locket을 디자인해 보았다. 그런데 공부하면서 보았던 Victorian Locket 스타일에 벗어날 수가 없었다. 고민을 거듭하다가 이제까지 보았던 모든 이미지를 머리에서 확 지웠다. 그리고 순간적으로 떠오르는 생각을 잡고자 했다.

"Locket 안에 무엇인가를 넣어야 한다."
"그럼 무엇을 넣을까?"

나는 바닷가와 가까운 작은 읍내에서 태어났다. 어릴 때 산과 들판에서도 놀았지만, 주로 바닷가에서 많이 놀았다. 그래서 바다에서 놀던 추억이 남달랐다. 백사장에서 뒹굴고 돌 바위에서 바닷게를 잡았다. 파도가 잔잔하면 파도와 어울려 놀았고, 파도가 너울 치면 바다를 바라보았다. 파도 소리는 밤낮으로 그렇게도 철썩거렸는데도 오늘은 파도 소리가 행진가 같았으며, 어떤 때는 자장가 같았다. 바람은 그렇게 짜고 축축했는데도 나에게는 시원했고, 부드러웠으며, 달콤했다.

꿈을 키울 때는 동해안 수평선을 보았고, 낭만을 노래할 때는 백사장에서 소주를 들이켜며 노래를 불렀다. 힘들 때는 너울 치는 파도를 보고 아우성쳤고, 좌절했을 때는 잔잔한 푸른 바다를 보면서 마음을 다독였다. 바닷가 돌바위에서 노래미를 잡을 때는 한나절이 금방 지나갔다. 그 노래미 회를 안주 삼아 소주를 마시고는 취하기도 했다. 땅거미가 지자 막걸리 큰 통을 어깨에 지고 바닷가 언덕 중턱에 걸쳐있는 친구 집으로 가서 밤새도록 마시며 딴따라를 불러 대기도 했다.

바닷게를 잡기 위하여 홀치기를 들고 바닷가 돌바위 사이를 돌아다니며 하루 종일 바윗돌 사이를 쑤셔 댔다. 바닷게를 잡기 위해 돌바위 사이로 돌아다닐 때는 피곤한 줄 몰랐다. 잡아 온 바닷게를 방 안에서 가지고 놀다가 어머니에게 혼난 일도 있었다.

이제 바다만 보아도 부둣가에서 멸치와 꽁치 그물을 털면서 부르는 어부의 가락이 들려온다. 혼자가 되어 쓸쓸할 때면 그녀와 단둘이서 바닷가 솔밭에 앉아

하루 종일 먼바다를 바라보았던 기억이 슬그머니 일어난다. 지금도 커피 한 잔을 하면 부둣가 작은 다방에서 다방 아가씨가 전해주는 모닝커피의 향기가 떠오른다. 이렇게 바다는 나에게 특별한 추억의 이야기를 들려준다.

이런저런 고민 끝에 나는 나의 추억 이야기를 넣기로 했다. 그리고 그 이야기에 맞는 Locket의 모습과 형식을 찾고자 했다. 문득 바닷가 이야기가 생각났다. 바닷가는 내가 태어나고 자란 곳이다. 그래서 그런가? 평소 눈 감으면 저절로 바닷가가 보이고 파도 소리가 난다. 조개가 보이고 조개 숨소리가 난다. 그래, 이런 이야기가 생각날 수 있도록 우선 전체 형태를 조개 모양으로 만들고 그 안에 바다 이야기를 넣어 보자. 그렇게 탄생된 것이 Sea Locket이다.

Sea Locket은 추억의 바다 이야기다. 반구형의 뚜껑을 열면 조개와 바닷게, 노래미와 조각배, 그리고 백사장과 푸른 바다가 보인다. 귀에 대면 파도 소리가 나고, 코에 대면 짠 내가 난다. 목에 걸치면 바다 이야기를 속삭인다.

이것은 뚜껑(Cover)을 닫고 목에 걸 수 있고 뚜껑을 열고도 목에 걸 수 있다. 중력에 의해 평소에는 닫힌 상태로 유지되지만 Sea Locket의 앞 뚜껑(Cover) 올리고 진주 추를 앞으로 내어 뚜껑(Cover)을 고이면 쉽게 열린 상태가 된다. 그래서 상황 따라 닫거나 기분 따라 열 수도 있다. 즉 내 이야기를 하고 싶으면 그것을 열고 그대와 춤을 추면 된다. 그러면 Sea Locket은 파도 소리와 함께 바다와 조개 이야기를 할 것이다.

Sea Locket은 뚜껑(Cover)을 열고 목에 걸 수 있고, 뚜껑을 닫고 목에 찰 수 있는 Pendant이다. 크게 파인 하얀 파티 드레스를 입고 Sea Locket의 뚜껑을 닫고 목에 걸어도 괜찮고, 혹은 열고 목에 걸어도 괜찮다. 그대가 그 남자를 사랑하면, 미리 그것을 열고 걸치면 된다. 오늘 그 남자가 흥미로우면 "오늘 나를 열게 해봐?" 하고 뚜껑을 닫고 목에 건다. 그때 그대 마음이 열리면, 그대는 천천히 뚜껑을 열고 감미로운 바다 이야기를 하면 된다.

Open Sea Locket

Closed Sea Locket

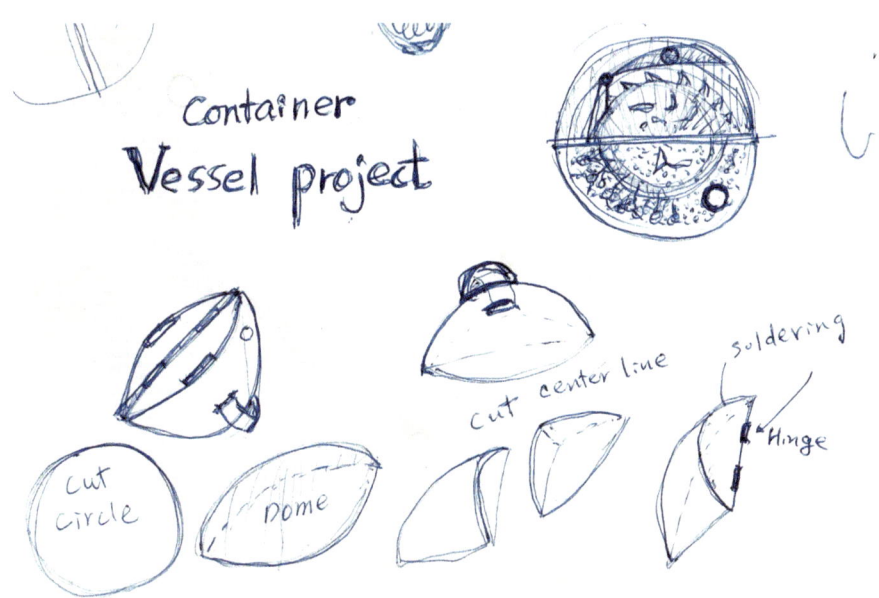

Drawing of Sea Locket

　매년 Old Government House(Fredericton 옛 청사)에서 학교 전시회 (Annual Jewellery/Metal Arts Exhibition)가 열린다. 캐나다 연방정부에는 총독(The General Governor of Canada)이 있고, 캐나다 주에는 주 총독(The General Governor of the Province of Canada)이 있다. NB주 총독은 남편과 함께 2014년 학교 전시회에 참석했다. 그분은 바다 이야기를 하는 Sea Locket에 흥미를 느꼈던 모양이었다. 전시회 첫날 그분은 그것을 주문하였고, 전시회가 끝나고 Sea Locket은 그분 품으로 갔다.

Sea Shell Pendant, sterling silver, oxidized, 2015

Sea Shell Pendants는 또 하나의 바다 이야기다. 어느 날 한 줄기 아이디어가 스쳐 가자 나는 조개를 만들기 시작했다. 은판을 사각형으로 잘라 表면에 무늬를 넣은 후 주름을 만들었다. 그리고 한쪽을 축소시키고 반대 면을 확장시켜 보았다. 보니 흡사 조개 모양과 같았다. 주름의 골에 은줄(Wire)을 두고, 그 끝에는 작은 은봉을 만들었다.

하나일 때는 작은 삼각형 조개가 되고, 두 개를 서로 연결하니 큰 조개 모양이 되었고, 5개를 연결하니 원형의 조개가 되었다. 전체를 볼록 렌즈처럼 만들어 보았다. 원형 주름 부채 같기도 하고, 원형 조개 같기도 했다. 나에게는 바다를 품은 조개였다.

어릴 때 조개를 삶아 먹고 난 후 조개껍질을 귀한 보물인 양 책상 위에 둔 기억, 조개껍질이 백사장에서 바닷물에 잠겼다 밀려오고 밀려가는 기억, 그리고 돌 바위에서 옹기종이 붙어있는 조개를 손으로 따던 기억들이 여기서 풍긴다. 이것으로 브로치(brooch)를 만들어 보기도 하고, 펜던트(pendant)를 만들기도 했다. 어느 것이나 나에게는 바다 짠 내가 물씬 났다. 이런 작업은 아름다운 추억 여행이었다. 이런 작업은 시간이 가는 줄도 모르는 무아 세계였다.

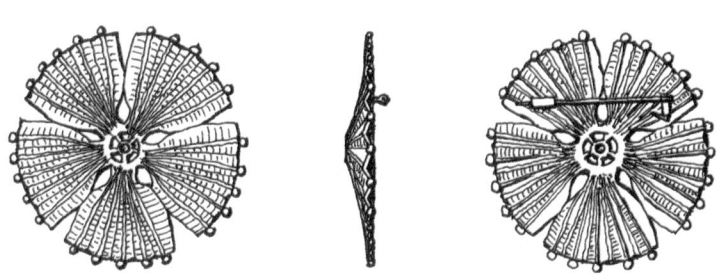

Pen drawing of Shell Brooch

School Album Box, full open, sterling silver, close size: 5.3×5.5× 2.5cm, open size: 32×15×2cm, 383g

18. 졸업 앨범 상자 School Album Box

그림을 그린다, 사진을 찍는다, 조각한다, 혹은 글을 쓴다. 이런 일련의 행위는 회상의 한 종류이다. 인간은 자아를 가진다. 과거를 돌아보고 느끼는 것은 자아가 있는 인간만이 할 수 있는 능력일까?

과거를 종합하고 재정리하여 미래를 설계하는 사람도 있겠고, 과거에 몰입하는 경우도 있다. 그러나 의식은 시간이 감에 따라 옛것은 사라지고 새로운 것으로 다시 쌓이는 구조로 되어 있다. 가만히 있어도 시간이 지나면 과거는 흘러 멀어지는 것이다. 그러나 과거는 그냥 흘러 없어지는 것이 아니라 미래의 위한 큰 밑거름이 된다. 설령 나쁜 기억이 많았다 하더라도 과거는 미래를 위한 훌륭한 경험이 되는 것이다.

인간은 미래지향적이다. 그래서 지금 행복하다고 생각하면 과거는 저절로 아름다워진다. 그런 과거를 붙잡아 두기 위해서 우리는 기념물을 만든다. 미술관과 박물관을 세우는 이유기도 하다. 그중 우리가 쉽게 접할 수 있는 것 하나는 앨범(Album)이다.

빛바랜 초등학교 앨범을 펼쳐본다. 못생긴 촌아이들 얼굴이 흑백으로 나타난다. 이름은 잘 기억나지 않지만 앨범 속의 얼굴은 많이 익숙하다. 중학교 앨범을 보면 기억은 많이 새롭다. 다른 점은 빡빡 밀은 머리에 짙은 청색의 교복을 입었다는 사실이다. 그때는 정말 철없는 개구쟁이였다. 고등학교 앨범을 보면 혼돈스러운 기억들이 조금씩 나타난다. 그때는 사춘기였다. 대학교 앨범을 보면 좀 무덤덤하다. 가끔 후회스러운 기억도 나타난다. 아마도 현실 속의 삶이었기에 그러하리라.

그 무엇보다 나에게는 가장 소중한 것은 늦은 나이에 캐나다에서 다녔던 공예디자인대학교 시절이었다. 그때 내 나이 58세였다. 여기 대학은 특별히 앨범이라는 것은 없었다. 금속공예(Jewellry & Metal Program)를 전공하였으니, 그것에 걸맞은 것을 한번 만들어 보자는 생각이 났다. 작품이라는 것은 찰나의 생각에 의존한다. 생각나자마자 나는 무작정 시작했다.

처음에는 단순할 것 같았다. 그러나 금속으로 앨범을 만드는 것은 매우 복잡하였다. 금속제로 작은 기억을 연출한다는 것도 어려웠다. 더구나 하나의 조각이나 형체가 아니었다. 여러 개의 이미지를 조합하고 연결하여 하나의 형태를 만드는 것이었다. 디자인도 생각하여야 했고 공감성도 고려해야만 했다. 종합적으로 보면, 예술과 공학의 조합이었다. 수없는 디자인과 설계, 그리고 많은 시행착오 끝에 결국 작은 박스(Box) 하나를 만들었다. 나는 한 달 동안 내내 휴식 없이 이것에만 매달렸다.

먼저 14개 날개(Panel)를 넣을 수 있는, 열고 닫을 수 있는 박스를 만들었다. 그리고 14개 사각형 날개를 만들고, 그 윗면에 정으로 11명의 학우와 3명의 선생님 얼굴을 음각으로 새긴 후 날개를 규격 사이즈로 다시 잘랐다. 은판 위의 얼굴 조각은 손가락으로 작은 징을 잡고 선을 따라 하는 망치질의 연속이었다. 그 다음에 각각의 날개에 예정된 방향으로 힌지를 붙이는 작업이 이어졌다. 윗변에 4개, 좌변에 3개, 우변에 3개, 밑변에 4개, 총 14개의 날개였다. 마지막으로 박스의 네 면에 예정된 높이차를 만들고, 사각 박스 각 변에 14개 날개를 정첩(Hinge)으로 서로 연결하였다. 드디어 14개 날개를 사면으로 활짝 펼칠 수 있고, 다시 접으면 하나의 박스가 되었다.

스스로 시연을 해보고는 나는 힘들었던 사실조차 잊고 '지금까지 볼 수 없었던 것'이라는 사실에 커다란 자부심을 느꼈다. 가로 5.5cm, 세로 5.2cm, 두께 2.3cm 크기의 사각 박스 Pendant형이다. 재료는 은(Sterling silver), 무게는 370g이다. 목에 걸기에는 다소 무겁고 크다. 나는 "School Album Box"라 불렀다. 이것은 하나의 작품이면서 나의 졸업 앨범이었다. 다음 해 나는 이 작품을 Halifax 전시회에 출품하였다.

　학교, 젊은 학우들, 그리고 훌륭한 선생님과 함께한 시간들은 나에게 큰 즐거움이었고 행운이었다. 예술적 삶을 즐기는 계기가 되었다. 보편성과 특별성을 동시에 얻을 수 있는 예술 활동이었다. 합리성과 정직성을 배울 수 있었던 기간이었다. 그래 그랬었지. 이것을 펼쳐볼 때마다 나는 이렇게 큰 행복감에 빠진다. 그때 같이 동고동락하였던 학우들과 선생님의 이름을 불러본다.

　Ferran Belanger, Kiara Berry, Chloe Gallant, Emily Petley, Cassandra Phillips, Monique, Walsh, Katelyn White, Stephane Cormier, Julie Ann Rayner, Judy Pitch, Brigitte Clavette, Kristyn Cooper, Kristen Bishop.

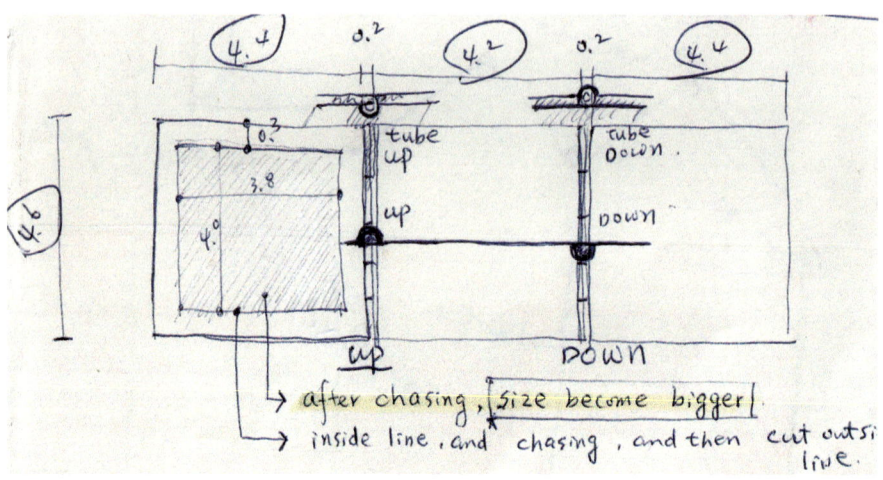

→ after chasing, size become bigger.

→ inside line, and chasing, and then cut outsi
line.

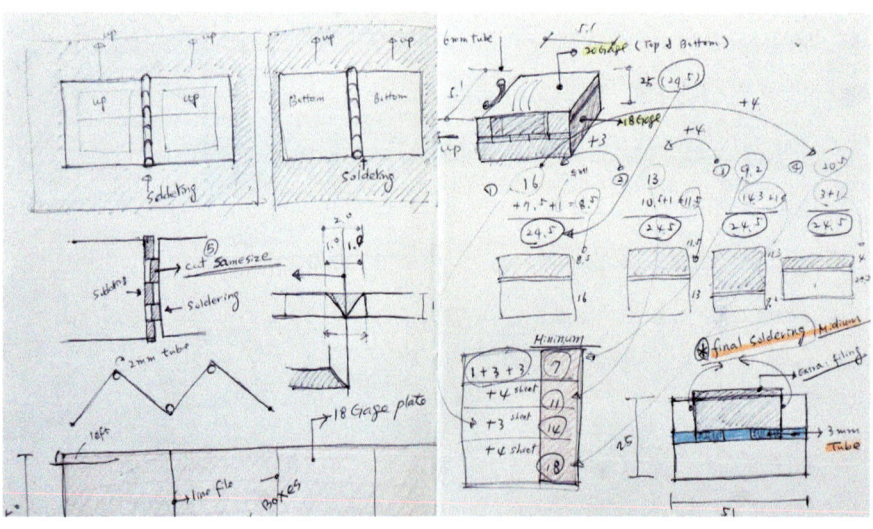

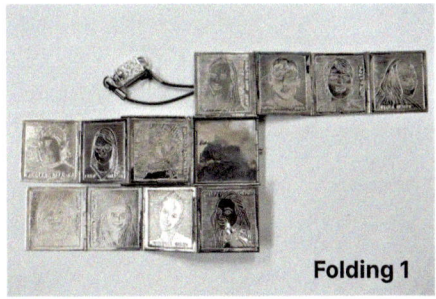

Folding 1

Folding 2

This is a sterling silver square album box. I made it to celebrate and remember my school graduation. The fourteen folding panels are engraved with the images of my classmates and teachers. It took a long time for me to design and construct. This is a priceless item because of the personal meaning it has. I wish all of them happiness and successs.

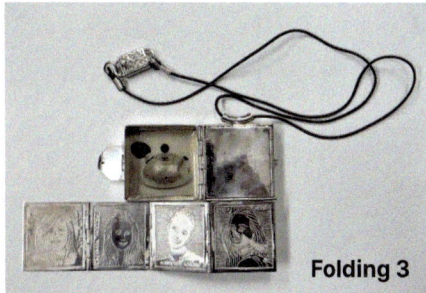

Folding 3

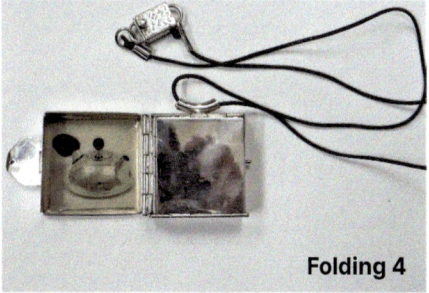

Folding 4

Close

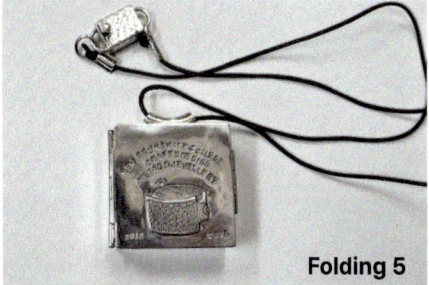

Folding 5

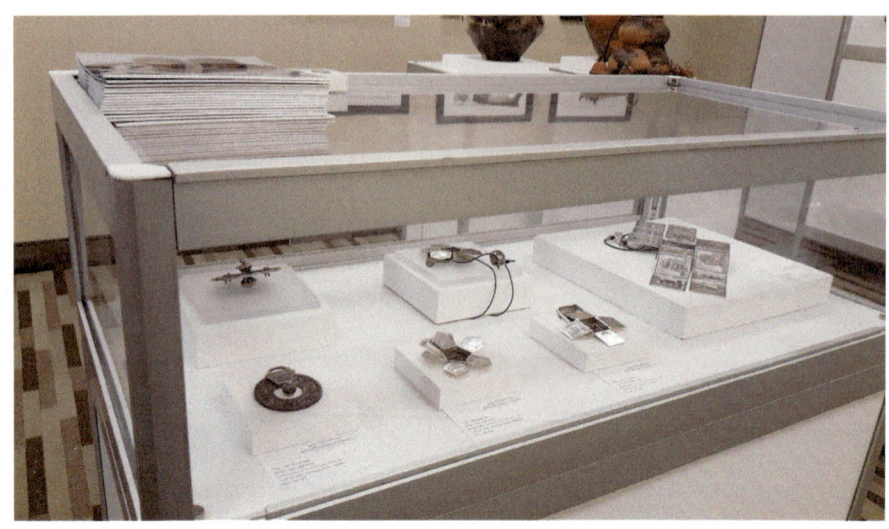

　School Album Box는 육면체 사각 상자 형태(5.5×5.2×2.3cm, 무게 370g)다. 14개 날개 있는 형태로 크기가 크고 무게가 무거웠다. 구조 또한 매우 복잡했다. 이것을 완성하자 또 다른 욕심이 생겼다. 보다 작고 간단한 사각형 박스를 만들어 볼까? 그리고 그 안에 이야기를 담아 볼까? 그렇게 시작한 것이 Square Box였다.

　Square Box 만들기는 쉬웠다. 그러나 펼친 후의 전체 모양이 꽉 차는 느낌이 없었다. 날개를 하나 더 추가하면 좋겠다는 생각에 Pentagon에 도전하였다. 그런데 한 변이 늘어남에 따라 생각지 못한 문제점이 발생했고, 개폐시스템은 한층 더 복잡했다. 그래서 여러 번 열고 닫는 과정을 반복하여 문제점을 찾아서 보완했다. 그런데 막상 조립하여 보니 날개를 접을 수 없었다. 너무 안이하게 생각하였던 것이다.

　다시 반복적인 Feedback과 디자인이 거듭되었고, 다시 자르고, 용접하고, 조립하는 과정도 반복되었다. 무엇보다도 날개 위에 암각화의 위치와 크기를 정하는 것이 매우 혼란스러웠고 어려웠다. 날개(Panel) 면에 망치로 정를 때려 암각을 하면 날개 면이 늘어난다. 늘어난 만큼 잘라 내어야 한다. 이때 새긴 암각화가 잘려나가는 경우가 발생하기 때문이었다.

Square Box과 Pentagon Box를 완성하고 난 후에 한 번 더 시도를 했다. Pentagon에서 다시 한 변이 늘어나는 Hexagon에 도전했던 것이다. 당연 Hexagon은 더 복잡하였다. 나는 Pentagon을 만들었던 경험을 바탕으로 미리 문제점을 예견하고 대처하였다. 그런 덕분에 작업의 흐름도 순조로웠다.

Hexagon Box를 완성한 후에 실행을 해 보았다. 날개가 순서대로 잘 펼쳐졌고, 전체적인 구도는 꽉 찼다는 느낌이었다. 그리고 무난히 날개를 하나씩 순서대로 접어넣을 수 있었다. 뚜껑을 닫고 목걸이 형태로 목에 걸치니, 그것은 작고 특별한 박스형 Pendant가 되었다.

작업하는 동안 추억 여행은 그야말로 달콤했다. 작업 상세도는 의문을 푸는 과정이었고, 날개 면에 그림을 새기는 시간은 추억의 시간이었다. 힘들었지만 시도했다는 것과 해내었다는 것에 대하여 성취감을 얻었다. 이제 내 추억의 순간들, 내가 탐구했던 역사적인 건축물들, 그리고 내 사랑하는 가족들이 각각의 야릇한 이미지가 되어 작은 상자에 숨어 있다. 영원히 녹슬지 않는 이미지 상자는 항상 내 곁에 있고, 내 가슴 앞에 걸려 있다. 그냥 펼쳐 보면, 바로 다양한 추억에 빠져 버린다. 디지털 이미지가 홍수를 이루는 요즈음, 손에 잡히는 이런 이미지와 형태는 정말 좋다.

나는 세 종류 Album Box(Hexagon Box, Pentagon Box, Square Box)를 가지고 Craft Show(Craft East Gallery & Expo in Halifax, Feb. 2018)에 참가하였다. 내 작품을 실은 홍보용 책자(Pamphlet)도 발행했다. 그곳에서 나의 전용 Show Box를 준비하여 북미 Gallery Owner(New York, Chicago, LA, Vancouver)들에게 일대일로 설명하면서 내 작품을 선보였다. 그들은 어떻게 접히고 펼쳐지며, 어떤 이미지와 이야기가 있는지 나에게 직접 작품 시연과 작품 설명을 요청했다. 나는 다음과 같이 설명했다.

"내 이야기와 추억을 담은 다양한 형태의 Box Pendant입니다. 작은 다각형

상자 안에 내 이야기를 넣고 목에 걸칩니다. 생각날 때마다 날개를 하나씩 펼치면 하나의 이야기가 흘러나옵니다. 이야기는 분위기에 따라 혹은 기분에 따라 조금씩 다르지요. 그때마다 나는 다양한 추억의 여행을 즐깁니다."

Craft Expo에서 돌아와서 내가 사는 도시에 있는 Gallery에 이 작품을 전시하였다. 고국으로 떠나기 며칠 전 누군가가 큰돈을 지불하겠으니 Album Box에 자신의 추억을 담아 달라고 부탁했다. 내가 고객을 위해 Album Box를 만든다면 고객과 함께하는 시간 여행과 공간 여행이 많이 필요할지도 모른다. 내가 고객의 이야기를 그 그릇에 담아야 하기 때문이다. 이런 과정도 나에게는 큰 경험과 추억이 될 것 같다.

무엇보다도 하고 싶은 것은 이것을 발전시켜 새로운 Album Box를 만드는 것이다. 좀 더 실용적 Album이면서 아름답고 좀 더 Pendant다운 것이다. 이런 생각을 할 때면 내 머릿속에는 금방 수많은 아이디어로 꽉 찬다. 흥분되면서 마음이 급해진다. 한번 아이디어가 떠오르면 바로 만들어 보아야 하는 것이 내 취향이다.

한번 당신의 추억이나 꿈을 작은 상자에 넣어보면 어떨까요? 그것을 목에 걸고 가끔 Pedant Box의 날개를 하나하나 열어 보면, "아 그때?" 하면서 깔깔 웃을 수 있지요. 친구와 동료, 혹은 가족 친지와 어울려 맥주 한잔하면서 말입니다. 그뿐인가요. 목걸이의 특별한 아름다움은 나를 돋보이게도 하지요.

My Pamphlet Book of Craft Show(Craft East Gallery & Expo in Halifax, Feb. 2018)

Square Box, sterling silver, open size: 8.4×9.4×1.0cm, close size: 3.4×4.1×1.3cm, 54g, 2017

19. 사각 가족 상자 Square Box

자주 생각나는 것은 가족과 함께 갔었던 여행이다. 아, 그때 사랑하는 가족을 데리고 산과 바다를 갔었지. 가는 도중 어느 마을 도로가에서 "자, 모여." 하고 찰칵 했었지. 그때는 애들이 이렇게 똘똘하고 어렸구나. 큰놈은 늠름하였고, 작은놈은 이렇게 야무졌구나. 그대는 이렇게 사랑스럽고 예뻤구나. 그런데 그때 우리는 어디로 가고 있었을까?

그때와 지금, 그 세월의 차이가 너무나 크다는 것을 아는 순간이었다. "미래를 생각하는 것보다 그때의 행복을 먼저 생각하여 그때 더 따뜻한 사랑과 더 많은 기쁨을 주었다면 좋았을걸."이라고 생각나는 시간이었다.

이제 애들은 다 자라서 내 곁을 떠났다. 큰놈, 작은놈, 그리고 당신과 나 이렇게라도 너희들을 여기에 박아두어야지. 그리고 보고 싶을 때나 그리울 때 열고 보아야지. 언젠가 함께 모두 모일 때면 요것을 열어 보아야지. 그런 생각으로 작은 사각 박스에 가족을 담았다.

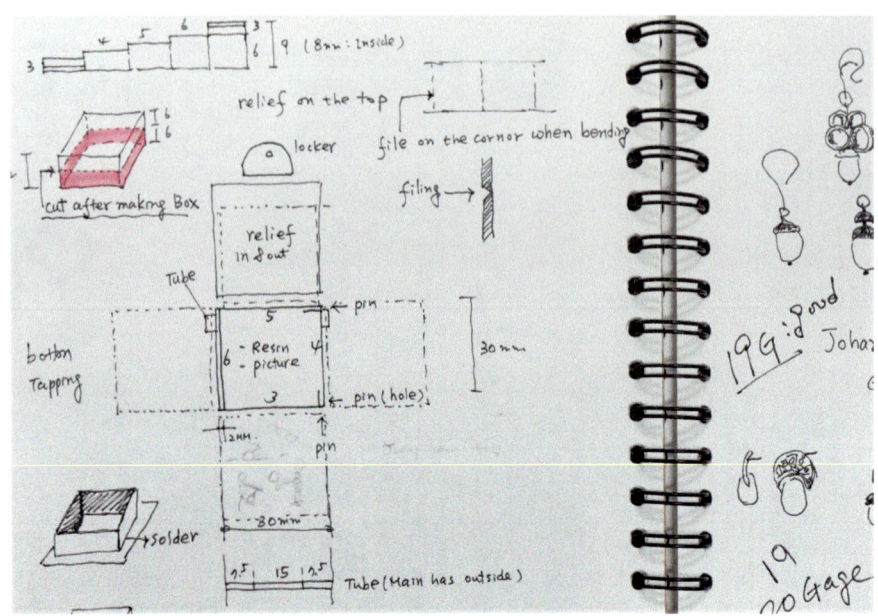

디자인 스케치

This is sterling silver square album box. Box has four panels, which are engraved wifh images of my family. The intent behind this piece is to always keep your family close to your heart.

Open

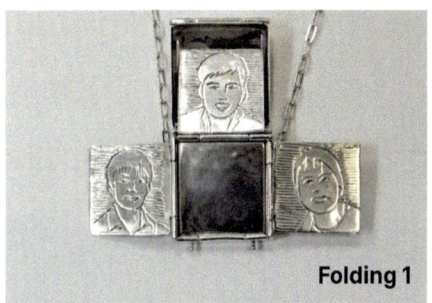

Folding 1

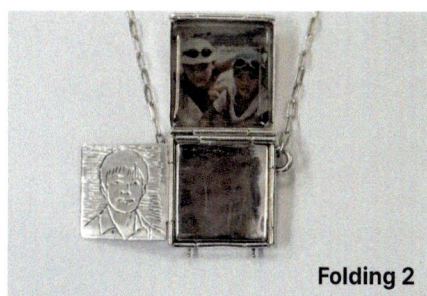

Folding 2

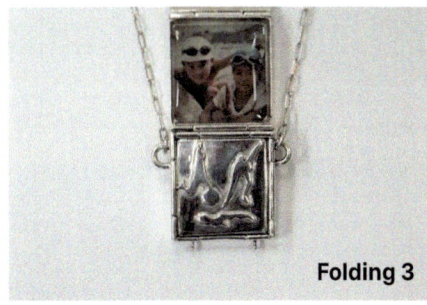

Folding 3

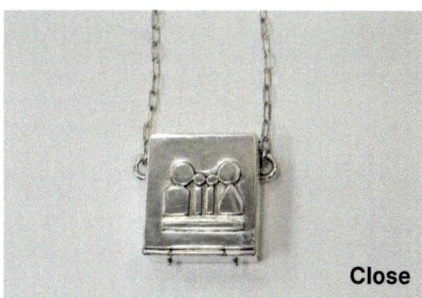

Close

The Square Memory Box is a standard design for ordering commissioned work.

Pentagon Box, sterling silver, open size: 8.1×8.1×0.7cm, close size: 3.4×3.8×1.1cm, 49g, 2017

20. 오각 여행 상자 Pentagon Box

　그 옛날 사람들은 선돌과 고인돌을 왜 만들었을까? Pyramid는 무엇이고, Parthenon은 어떤 의미가 있나? Pantheon의 Dome은 누가 창안했을까? 고대와 중대에서는 왜 이런 기념비적 거대한 건축물이 축조되었을까? 많은 노예들이 이곳에서 강제로 땀을 흘렸겠지? Nortre Dame의 새로운 건물 구조가 우리 사회에 어떤 영향을 주었나? 드디어 영국에서 산업혁명이 일어나고 유리의 건물 Crystal Palace에서 만국 박람회가 열렸지? Bauhaus라는 새로운 변화의 물결과 함께 도시는 조금씩 첨단 고층빌딩으로 채워졌다. 왜 그렇게 변화되었을까? 지금 우리는 어디로 가고 있고, 어떻게 가고 있나?

　그런데 우리는 그때 무엇을 하고 했을까? 우리는 수천 년 동안 공포 목구조 한옥에 살아왔다. 아, 아담하고 아름다운 한옥이여! 그 옛날부터 지금까지 아직도 공포 구조 그것 한 가지만을 뽐내고 있었나? 우리가 살고 있는 아파트는 진정 사람이 사는 그릇인가? 나는 진정 건축가였나?

　그런 것들을 무척이나 고민을 하였다. 직접 한번 보아야지 하고는 그냥 배낭을 메고 동유럽으로 여행을 떠났었지. 가다가 뭔가 느끼면 바닥에 주저앉아 마구 스케치했었지. 돌아와서 작업실에 일할 때였다. 그때 추억의 건축물을 오각형의 박스에 넣어 볼까? 그때의 감흥을 목에 걸고 다녀볼까? 이런 욕심으로 만든 것이 'Pentagon Box'다.

Greece, Sounion, ball pen sketch, 2015

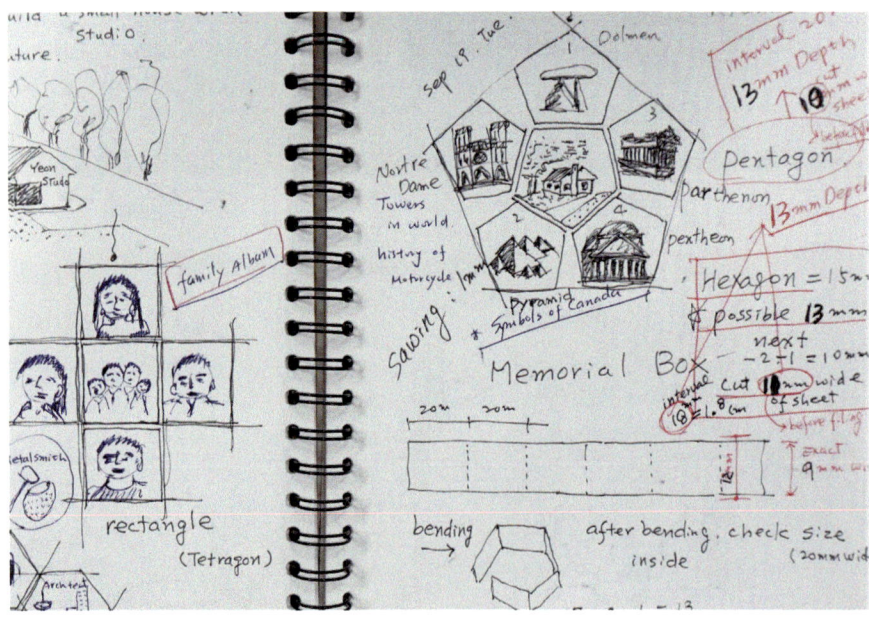

Pentagon Box 디자인

조립 작업

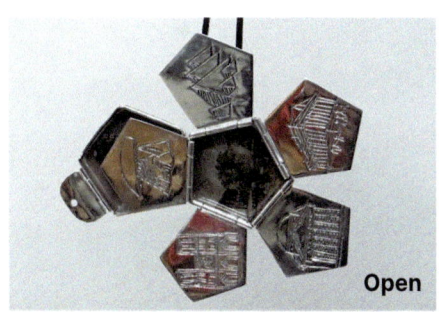
Open

This is sterling silver box containing images of a turning point in architectural history: Dolmen, Pyramids, Parthenon, Pantheon, Notre Dame, White Palace, and Bauhaus. Architecture is like human beings; each one is different and has its own soul.

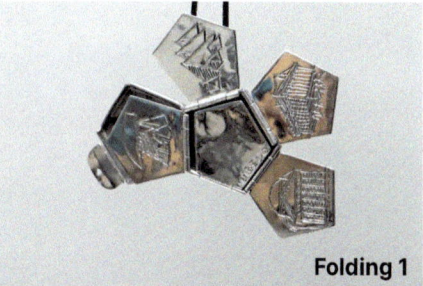
Folding 1

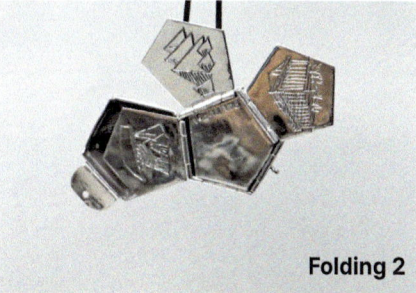
Folding 2

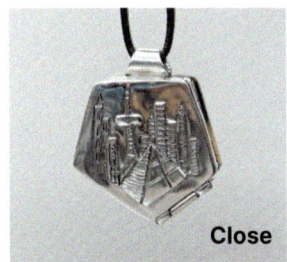
Close

Folding 4

Folding 3

Hexagon Box, sterling silver, open size: 9.3×9.6×1.0cm, close size: 4×4×1.5cm, 85g, oxidized, 2017

21. 육각 추억 상자 Hexagon Box

내 어린 시절이었던가? 동해안 바닷가 높은 송대에 앉아 먼바다를 바라보았지. 수평선에 떠오르는 태양을 보고 꿈을 꾸었지. 백사장에서 정신없이 뛰면서 파도와 장난을 쳤었지. 파도에 무너져 버린 모래성을 또다시 만들고 만들었지. 그래서 그런가. 눈을 감기만 해도 조개와 바닷게, 먼 바다의 작은 섬과 배, 그리고 고깃배를 쫓는 갈매기가 보인다.

어떤 때는 산과 들판을 누비며 달렸지. 개울가에서 물고기를 쫓았지. 가재를 잡으려 이리저리 물가를 헤매었고, 조개를 줍다가 물방아를 쳤었지. 그래서 그런가. 지금도 먼 산을 쳐다보면, 종달새와 잠자리가 보이고 먹이를 되새김하는 소들도 보인다.

육각형의 작은 박스를 만들고 면마다 날개를 달았다. 그리고 그 날개마다 추억의 이미지를 새겨 넣었다. 한 뜸 또 한 뜸 은판에 작은 이미지를 새기고 새겼다. 이것은 접으면 육각형 작은 박스가 되고, 열면 여섯 날개가 달린 추억의 앨범이 된다. 그런데 날개를 접고 박스 뚜껑을 닫으면 작은 목걸이 장식물(Pendant)이 된다. 이것을 목에 걸고 다니다 추억이 고플 땐 박스를 열고 펼쳐서 본다.

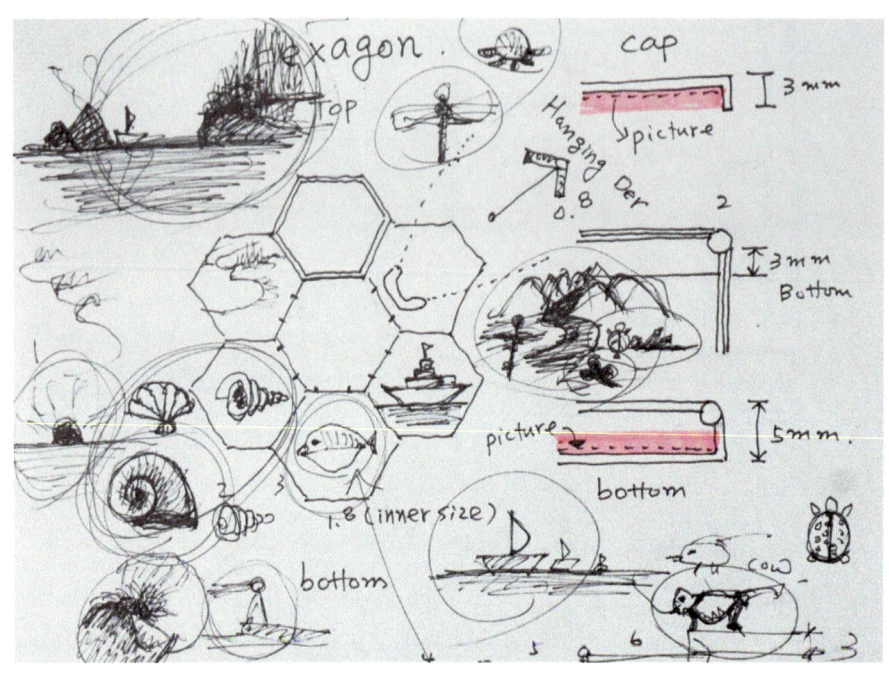

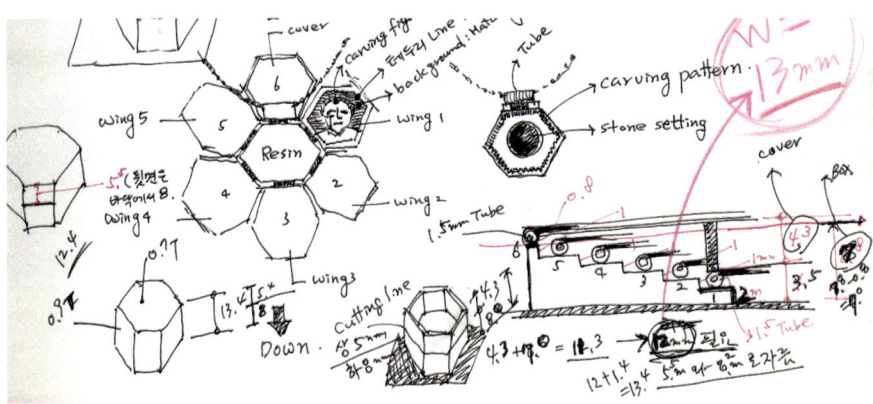

디자인 스케치

조립 작업

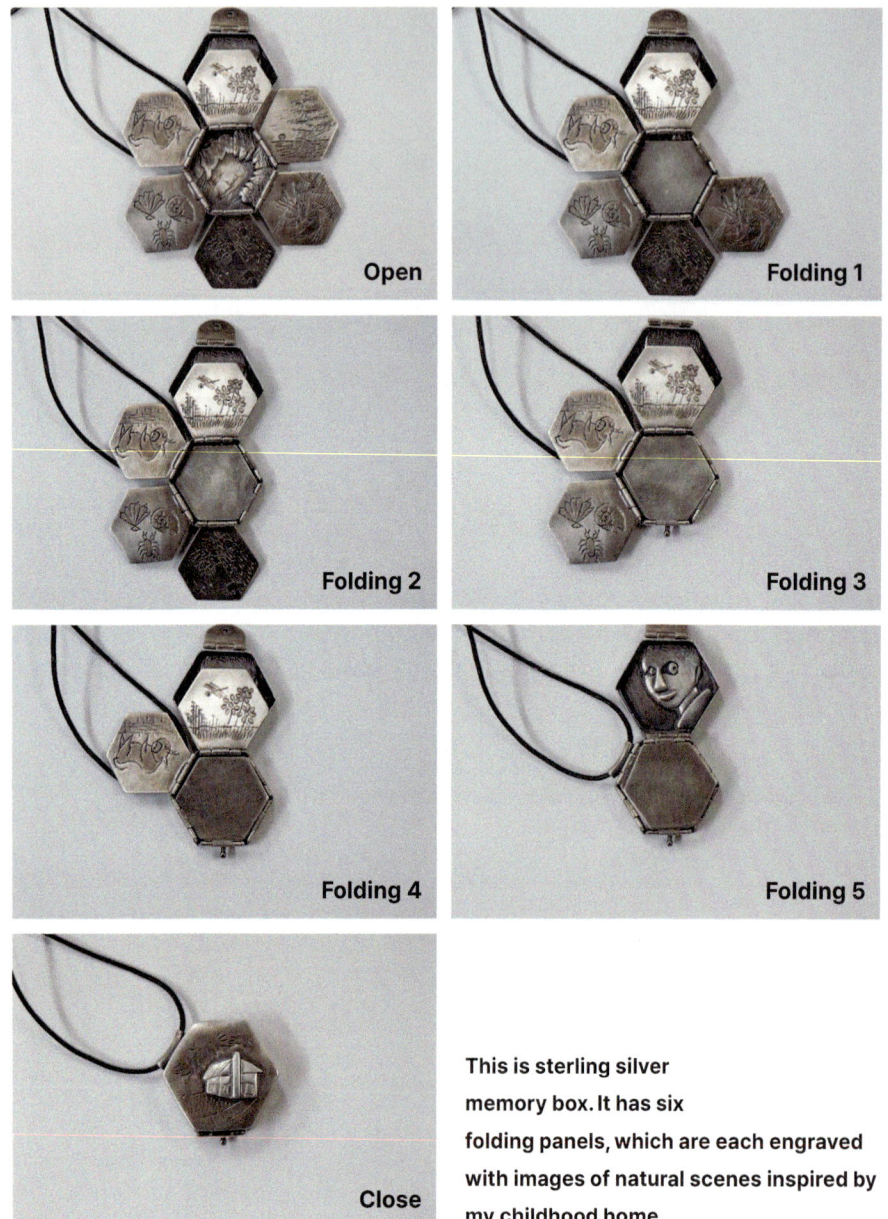

Open

Folding 1

Folding 2

Folding 3

Folding 4

Folding 5

Close

This is sterling silver memory box. It has six folding panels, which are each engraved with images of natural scenes inspired by my childhood home.

Breast Teapot, sterling silver, genre wood, size: L19×W12×H9cm, weight: 521g, 2015

22. 엄마의 젖무덤 Breast Teapot

엄마 젖무덤은 부드럽고 볼륨이 있다. 처음으로 느껴 보는 감촉이고 맛이다. 그곳은 따뜻하며 양기의 샘물이 흐른다. 그 깊은 곳에는 심장의 고동이 울린다. 그래서 아기는 엄마의 젖가슴에서 따뜻함과 편안함을 동시에 느낀다. 감미로움과 비트의 조화다. 아기는 젖무덤을 먹으면서 느끼고, 엄마는 젖무덤을 주면서 느낀다.

아기가 엄마 품에 고이 잠들어 있다. 참으로 편하다. 엄마의 심장 뛰는 소리는 자장가다. 아기는 방금 전에 엄마의 젖무덤을 더듬고 빨면서 심장의 고동과 숨소리에 색색 잠들었으리라. 왜 심장이 엄마의 젖무덤과 함께하는지 그 이유를 이제 잘 알 것 같다.

아기는 엄마의 젖가슴에서 벗어날 때면 스스로 음식 맛을 알게 된다. 그리고 자신의 심장 고동을 느낀다. 그리고 피부의 접촉감과 만져보는 볼륨감에서도 조금씩 멀어진다. 어른이 될 무렵에는 방황과 혼동을 겪으면서 이성을 찾는다.

그러나 항상 잊을 수 없는 것은 바로 옛날의 감성이다. 어른이 되고도 끊임없이 보고 듣고 만져보고자 하는 충동이 생기는 것은 아마도 그때의 느낌을 그리워하기 때문이리라. 남자가 여자의 가슴을 볼 때, 여자가 남자의 가슴을 볼 때 왠지 흥분하는 이유인지 모른다.

우리는 그곳에서 태어나 그곳에서 양기를 빨며 그곳에서 자랐기 때문이다. 그것은 우리가 피할 수 없는 태생적 운명이다. 우리 존재의 안식처다. 문명은 젖무덤의 본래 의미를 왜곡시키고 억압하였고, 상업은 그것을 욕심의 수단으로 만들었지만, 그럼에도 불구하고 젖무덤은 영원히 우리의 안식처인 것만은 틀림없다.

보통 대상을 보고 마음의 동요를 느끼며, 그다음 점차 만지고 싶은 감정이 커진다. 마지막으로 대상을 취하고자 한다. 시각은 보이는 대로 느낌을 제공하지만, 촉감은 마치 책을 읽을 때와 같은 상상 이야기를 만들어 주기 때문이다. 특히 손으로 만져보는 촉감은 특별하다. 무엇보다 젖무덤의 신비한 볼륨감은 행복의 세계로 인도한다.

나는 원을 좋아한다. 특히 반구형을 좋아한다. 구형은 돌돌 굴러가고 도망갈 것 같지만, 반구형은 항상 그 자리에 있을 것만 같고, 자꾸만 부풀 것만 같다. 그곳에서는 왠지 생명의 샘이 솟아나올 것만 같다. 또한 그것은 눈으로 느낄 수 있고, 손 감촉으로도 느낄 수 있다. 내가 Breast Teapot을 디자인하고 만든 이유다.

우선 젖무덤을 닮은 반구형을 만들었다. 그다음 반구형 표면에 손바닥으로 느낄 수 있는 돌기를 점점이 넣었다. 꼭지에 가까울수록 촘촘해지는 돌기는 특별한 흥미를 일으킨다. 시각적으로 젖무덤을 느끼고, 감촉으로 그 느낌을 극대화하는 것이다. 그리고 느낌은 꼭지에서 완성된다. 그것은 바로 작은 원구형의 Teapot Lid이다.

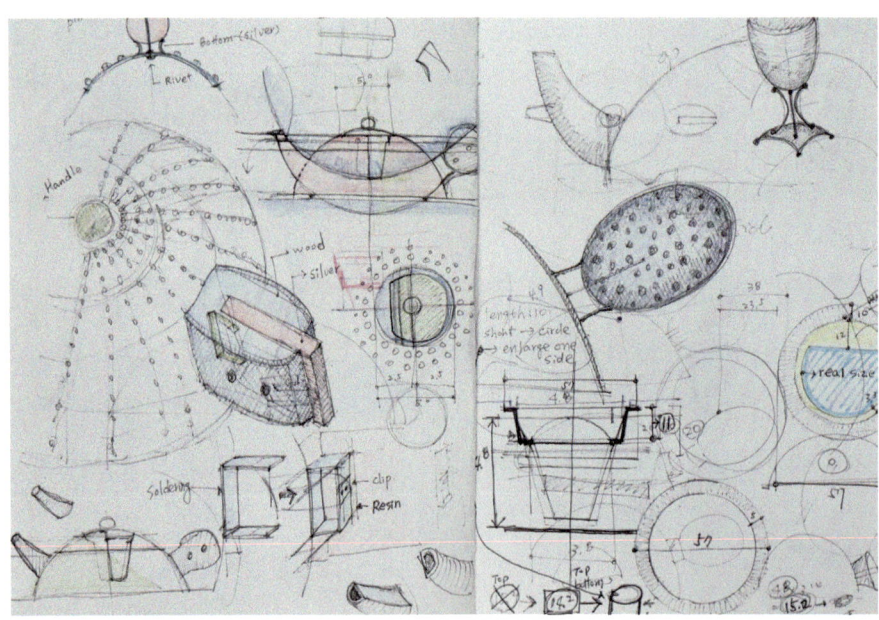

Breast Teapot Sketch

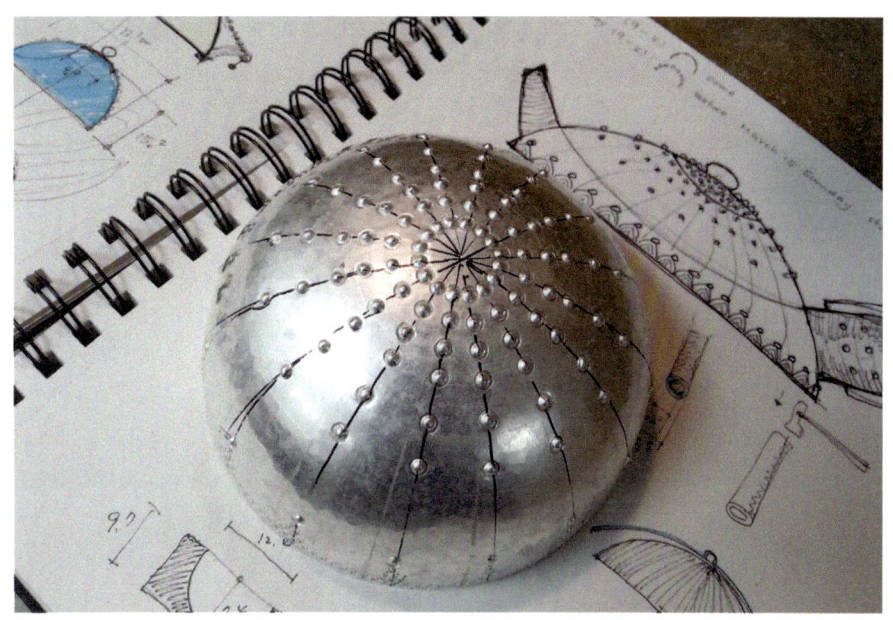

Teapot 몸체 디자인

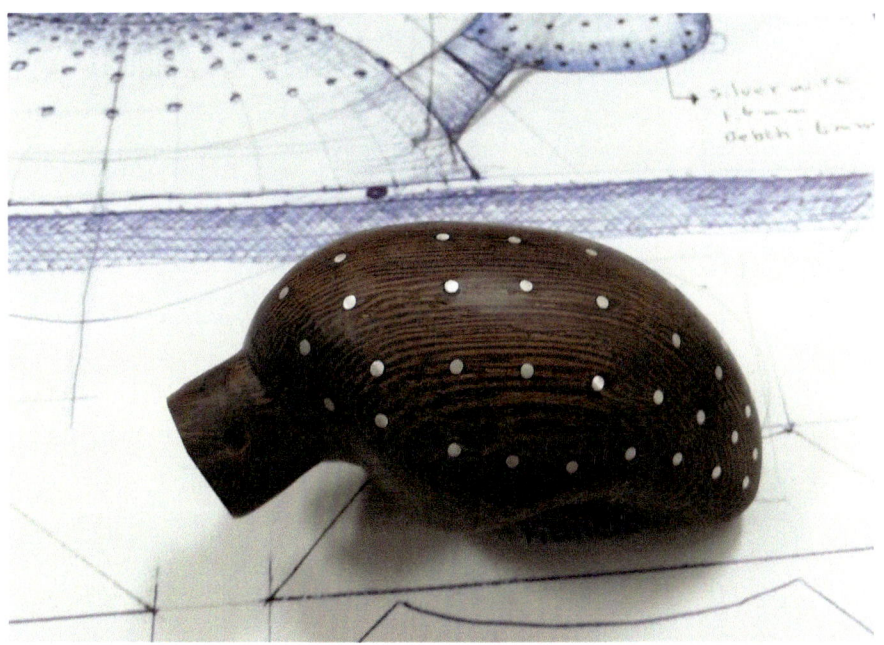

Teapot의 손잡이 디자인

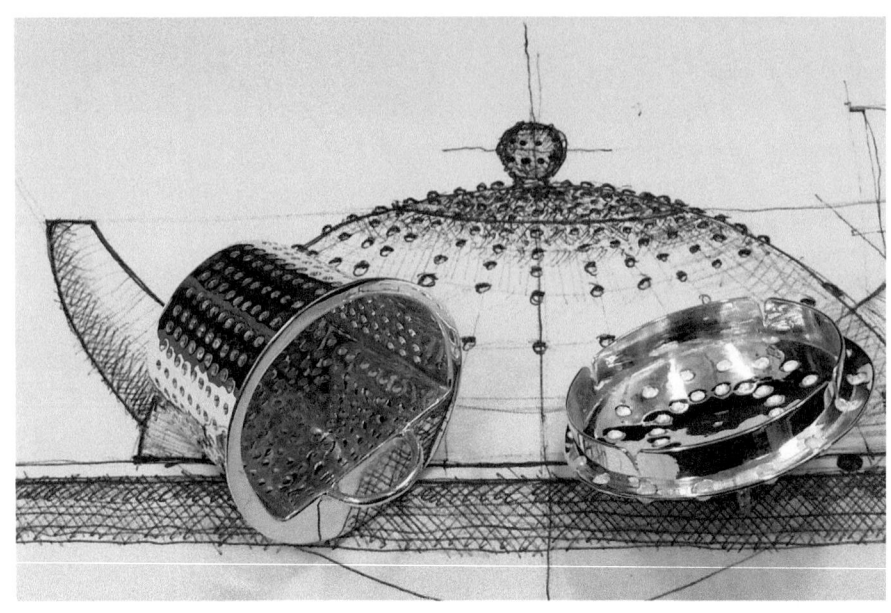

　Teapot 손잡이(handle)는 볼 수 있는 볼륨이고 만져 볼 수 있는 볼륨이어야 했다. 그래서 손 안에 부드럽게 들어오는 타원형으로 디자인했다. 어두운 브라운 색의 Genre Wood를 선택하여 흐르는 곡신으로 조각했다. 표면을 처리하고 표면에 점점이 은빛을 박아 넣었다. 눈으로 황홀해하면서 손안의 감촉과 볼륨감을 극대화하고자 하였던 것이다.

　즉, Teapot을 손으로 잡고 차를 따를 때, 우선 눈으로 작은 돌기가 있는 반구형의 Teapot을 감상하고, 손바닥으로 손잡이를 잡으면서 감촉으로 그 볼륨감을 느낀다. 이때 스스로 상상 속에서 자기만의 신비한 볼륨을 만들면서 젖 먹는 아기 시절로 돌아갈 수 있다.

　Teapot은 전체적으로 곡선이다. 이름도 Breast Teapot이다. 꼭지가 있는 반원형 Teapot 몸체를 주안점으로 보면 당연 그것은 여성스럽다. 여성의 젖무덤을 느낀다. 반면 Spout는 남성미에 해당한다. Spout의 형상은 솟아오르는 돌기형이다. 그것은 Teapot 반구형의 몸체 언덕 중턱에서 허공으로 뻗었다. 방향성이 뚜렷하고 힘이 넘친다. 그 힘은 작은 돌기가 있는 반원형의 몸체를 뚫고 은점이 점점이 박혀 있는 손 안에 들어올 듯한 어두운 브라운 색의 타원형 핸들로 이어진다. 여기서 Spout를 주체로 보면 흡사 전체적으로 남성미의 극치이다.

젖꼭지를 물고 젖을 먹는 아기는 정말로 원초적 행복감에 젖어 있다. 젖가슴에 파묻혀 심장의 박동을 듣고 있는 아기는 기뻐한다. 이제 이미 어른인 우리에게는 이것을 다시 경험하기에는 쉬운 일이 아니다. 그 대신 이 Teapot으로 향기로운 차를, 혹은 신비로운 술을 대접하거나, 대접을 받는다면 우리는 저절로 행복해질 것 같다. 눈과 손으로 느끼면서 젖무덤 위의 Lid를 통과하여 Spout로 나오는 생명의 물을 따라 마시고 그 옛날 어릴 때로 한번 돌아가는 것이다. 평소에는 단 위에 진열해 놓고 보기만 해도 감동일 것 같다.

Rooster Teapot, L24×W6×H14cm, sterling silver, padauk wood, 450g, 2018

23. 위풍당당한 봉황 Rooster Teapot

사람이 살기 시작한 아주 오래전에 한 마리 새가 지상으로 내려와서 인간과 같이 살았다. 살다 보니 인간 세상이 너무 좋아 날기를 포기하고 주저앉았다. 그 놈이 바로 닭이다. 꾸민 이야기일지 모른다. 어쨌든 닭은 우리에게 매우 친숙한 동물로서 아주 오래전부터 우리와 함께했다. 닭은 인도와 동남아시아에서 야생하고 있는 들닭이 사육되고 개량된 것이다. 이때가 서기전 6~7세기경이었다고 한다.

닭은 날개가 있되 퇴화되어 날지를 못한다. 그래서 그 많은 종류의 새들 중 오직 닭만이 우리 곁에 머물고 왔으며 오늘날까지 우리와 함께하고 있다. 우리에게 상상의 동물로 봉황이 있다. 봉황은 주작이라고도 하며 생김새가 닭과 비슷하다. 아마도 사람들이 닭을 보고 상상하여 봉황이라는 신비스러운 이미지를 만들었다고 생각한다.

우리나라에는 닭(계, 鷄) 이름이 들어간 지명이나 명칭이 많다. 계룡, 계산, 계족, 계림 등등이 생각난다. 신라의 시조 박혁거세의 이야기에도 닭과 관련이 깊다. 삼국유사에 따르면 닭 울음소리가 나는 것을 듣고 사람을 보내 알아보니, 그곳에 금궤가 있었고, 그 속에 사내아이가 있었다. 그곳을 계림이라 하고, 나라 이름도 계림으로 하였다고 한다.

충청남도 논산에는 계산과 계룡이라는 지명이 있다. 여기서 '계'는 바로 닭을 뜻한다. 닭은 어둠 속에서 환하게 밝아오는 뜻으로 쓰인다. 12지신 중에 10번째 동물도 바로 닭이다. 이와 같이 닭은 오래전부터 우리와 함께 살면서 친숙한 동물이 되었다. 문화 종교적으로 특별한 의미가 있는 동물로 묘사되기도 하였다. 닭은 예술 작품에도 다양한 소재로 사용돼 왔다. 민화에서 암탉은 병아리와 함께 묘사되어 풍요를 상징하며, 반면 수탉은 홀로 그려지는 웅계(雄鷄)의 위풍당당한 이미지로 묘사되었다.

또한 닭은 풍요로운 농촌을 표현할 때 사용되며, 농경 유토피아의 심벌이었다. 붉은 벼슬은 높은 벼슬과 명예를 의미하였다. 나아가 닭 그림은 악귀를 물리치는 강력한 부적으로도 사용되었다. 닭의 가장 중요한 이미지는 어둠을 몰아내고 새벽을 여는 존재, 즉 희망이었다. 위풍당당함과 풍요, 그리고 희망이라는 닭의 이미지는 세계 모든 국가에서도 비슷했다.

나는 고신라 왕국 계림 국의 주무대였던 경주 지역에서 태어났다. 계림 초등학교를 졸업하고 중고등학교 시절에 경주 계림공원(사적 제19호)을 동네 정원처럼 들락거렸다. 내 어린 시절, 옛날 농촌의 풍경은 어디에서나 비슷하였다. 마당에는 암탉이 병아리를 몰면서 모이를 쪼고 있었고, 수탉은 주변을 어슬렁거렸다. 가끔 어린 마음에 수탉을 몰아세우면 수탉은 벼슬을 세우고 덤벼들었다. 이는 농촌의 보편적 일상이었다. 어른이 되어 가족과 함께 오랫동안 충청도 계룡(삼군부가 있는 대전 인근 신도시)에서 살게 되었다. 정리해 보면 나는 계림 나라에서 태어나, 계림에서 놀면서, 계림 초등학교에서 공부하였고, 계룡에서 살았다. 이렇게 나는 닭과의 인연은 특별했다.

2015년 캐나다 공예디자인대학교에서 Jewellery/Metal Program을 졸업하고 2017년 대학원 과정(Graduate Program)에 진학하여 작품 활동을 할 무렵, 나는 특별한 Teapot을 만들고자 하였다. 그것은 기하학 정형이 아닌 비정형 형태의 동물 모양 Teapot이었다. 과거 학부 과정에서 손으로 직접 나만의 Teapot을 만들어 본 적이 있었다. 그 과정은 여러 가지 기하학 형태로 은판을 자르고, 합치고, 그리고 은 용접을 하는 것이었다. 이런 경험을 바탕으로 나는 새로운 형태의 Teapot을 만들었다.

어느 날 스케치를 하다가 우연히 나도 모르게 붉은 벼슬을 세운 수탉이 연상되었다. 손작업으로 닭 모양의 Teapot을 금속으로 만들 수 있을까? 하면서 여러 번 스케치를 하게 되었고, 마침내 그 가능성을 찾았다. 내 손과 경험으로 큰 줄기에서 내 스스로 제작 가능함을 확신하였고, 그래서 일단 시작해 보기로 했다. 세부적 작업 방법과 그것에 따르는 디자인은 그때그때 변경하리라는 생각이었다. 전체적인 기본 틀에서 가능성이 있다면 일단 일을 저질러라. 그리고 세부 해결책은 그때그때 찾아라. 이것이 나의 창작과 작업 방법이었다.

벼슬, 수염, 꼬리를 어떻게 표현할 것인가? 전체적인 몸체의 균형과 Movement, 그리고 상징성을 무엇으로 묘사할 것인가? 고민하면서 수탉의 개념을 잡고 디자인에 들어갔다. 초기 디자인에서는 몸통에 Handle을 별도로 부착하는 방식이었는데, 주임 교수와 대화를 하면서 "닭 벼슬을 핸들로 사용하면 어떨까?" 하는 그분의 지나가는 말을 나는 바로 낚아챘다.

"그래, 그것이야!"

그래서 벼슬을 Handle로 사용하기 위해서 Handle 크기를 키웠다. 덕분에 큰 벼슬은 닭의 위풍당당함을 표현하는 데 큰 도움이 되었다. 그것과 균형을 맞추기 위해서 크고 볼륨 있는 수염을 달았다. 이 두 요소가 합쳐져서 닭의 위엄성은 한층 더 높아졌다. 그다음 Lid 부분을 정해야 했다. 수탉의 꽁지깃은 아름답다. 그 수탉의 꽁지깃을 Lid로 사용하고자 했다.

이렇게 결정한 후에, 핸들, 수염, 꼬리 부분의 재료 선정에 대하여 고민을 했다. 수탉의 벼슬, 수염, 꼬리 본래의 색감을 강조하기 위해서 천연적으로 진한 붉은색을 띠는 Padauk 나무를 선택했다. 마지막으로 닭의 발에 비행기의 랜딩 바퀴를 달았다. 그것은 근엄하고 용감한 수탉이 새벽을 열면서 사람이 사는 세상에 착륙하는 순간의 표현이었다.

보통 Teapot은 기하학 형태가 사용된다. 한 개 혹은 여러 개의 기하학 형태를 만든 후 그것을 다시 자르고 덧붙여서 자신이 원하는 특별한 정형의 형태를 만든다. 혹은 이런 과정이 반복되기도 한다. 그런데 Rooster Teapot의 몸체는 부정형이다. 기하학 형태를 자르고 덧붙이는 방법으로 만들 수 없다. 더구나 학교에는 특수한 장비와 현대적인 장비가 있는 것도 아니다. 그렇다면 망치와 톱에만 의존해야 했다. 과연 두꺼운 은판을 망치로 두드려서 부정형 몸체를 만들 수가 있을까?

평면의 은판을 일부 도려내고 그 끝을 서로 연결하면 입체가 될 것 같았다. 바로 종이판을 이용하여 부정형 형태를 한번 연습 삼아 만들어 보았다. 할 수 있다는 생각이 들었다. 그러나 어찌하여 스스로 완성할 수 있는 방법을 찾았다 하더라도 해본 경험이 없었기에 자신할 수 없었다. 교수에게 물어보았으나 그런 경험은 전혀 없다고 말했다.

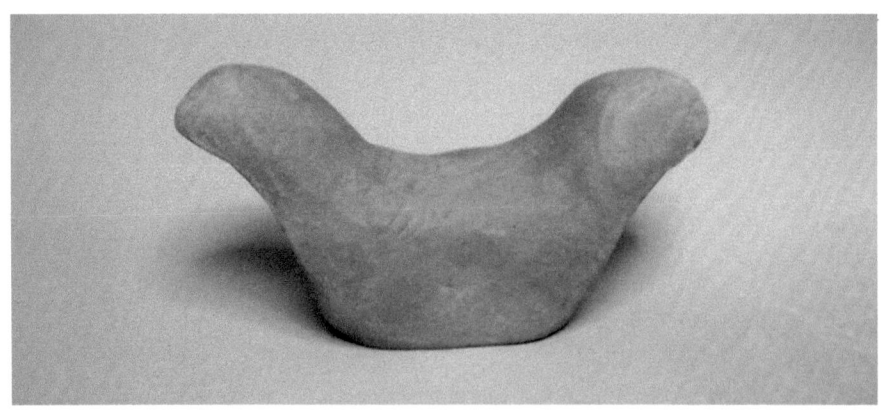

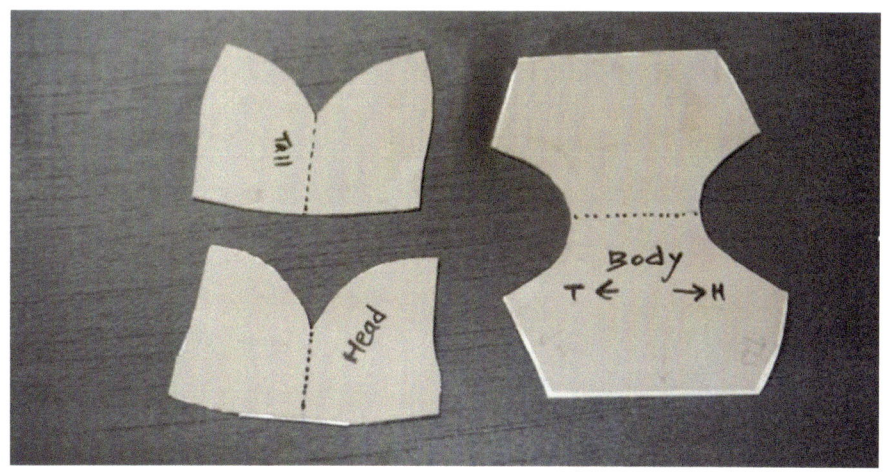

나는 먼저 진흙으로 Model을 만들고 여러 번 보고 또 보았다. 이때 전개도라는 것이 생각났다. 그래, 이것이야. 몸통을 머리, 중간, 꼬리, 이렇게 세 부분으로 나누고 종이로 각각의 전개도를 만들었다. 그리고 세 개의 형태를 만들어 서로 맞추어 보았다. 닭 모델과 거의 같았다. 그래서 작업이 쉬워지도록 좀 더 전개도를 단순화시키고, 세 부분이 잘 연결될 수 있도록 연결 부분의 치수를 일치시켰다.

종이 본을 은판에 붙이고, 자르고, 그리고 본 작업에 들어갔다. 이런 식으로 해서 겨우 전체 몸통을 완성했다. 가장 어려운 부분이 해결된 셈이었다. '이제 됐어' 하며 안도하는 순간이었다. 다음은 다리를 만들어 붙이는 과정이 중요했다. 굵은 Silver Wire와 두꺼운 은판을 잘라 다리를 만들었다. 그러나 불행하게도 얇은 두께 때문에 다리가 상대적으로 빈약하게 보였다. 그것을 포기하고 다시 다리 만들기를 시도했다.

다리 허벅지 부분을 두툼하게 표현하기 위해서 매우 두꺼운 은판을 사용하였고, 허벅지 부분에서 조금씩 가늘어지는 모양으로 만들었다. 몸통과 다리 허벅지 굵기 비율을 비교해 보니, 다행이 몸체에 걸맞은 다리 모양이 되었다. 이렇게 몸체와 다리를 완성한 후 조심스럽게 두 부분을 붙였다.

마지막으로 발끝에 미리 만들어 놓은 Wheel을 끼웠다. 비행기의 랜딩 바퀴처럼 하나의 앞바퀴와 양축의 뒷바퀴 형식이었다. 앞바퀴는 큰 사이즈고, 뒷바퀴는 작은 사이즈다. 바퀴는 실제 축이 있어 회전이 가능하며, 이중으로 된 Wheel이다.

Rooster의 꼬리 부분은 상하 부분으로 구성되어 있고, 상부는 손잡이가 있는 뚜껑(Cover) 역할을 한다. 꼬리 상부 부분(Lip)을 열고 물을 붓는다. 물이 나오는 부분(Spout)은 주둥이 부분이다.

작업은 겨울 방학으로 잠깐 중단되었다. 여기 겨울 방학은 방학이 아니고 연말 연휴라고 한다. X-Mas부터 연초까지 약 2주간이기 때문이다. 이 기간 동안 나는 한국을 방문했다. 고국에 도착한 나는 Teapot에 사용할 나무를 구하기 위하여 동분 서분하였다. 단단하면서 내부가 붉은 나무를 찾았다. 수소문한 결과 Padauk이 그랬다.

대전에 있는 어느 원목 가구 공방을 방문하여 Rooster Teapot 이야기를 한 후에 두께 5cm 이상 되는 Padauk을 좀 구해 달라고 도움을 요청했다. 며칠 후 공방 아가씨가 친절하게도 Padauk을 특별히 구하여 전해 주었다. 참으로 고마운 분이었고 귀한 나무였다. Padauk은 목재용 기름만 발라도 붉은색이 반짝거렸다. 위풍당당함은 Padauk의 붉은색과 벼슬 크기 덕분에 더 강조되었다.

완성되자마자 Rooster Teapot는 학교 전시관에 올려졌다. 그것은 하늘에서 이제 막 랜딩하는 봉황이었다. 처음에는 나 스스로 실현 가능성을 의심하였다. 작업 중에서도 그 의심은 여전했었다. 그러나 첫 시도에 이렇게 아름답고 위풍당당한 놈이 될 줄은 미처 몰랐다.

나도 모르게 자꾸만 보게 된다. 그리고 중얼거린다. 이제 막 하늘에서 지상으로 랜딩하였구나. 그래, 새벽을 열고 악귀를 쫓는 너는 위풍당당하다. 이제 너는 지상에 사는 봉황이다. 세상에서 가장 귀한 차를, 세상에서 가장 귀한 술을, 세상에서 가장 아름다운 사랑을 너에게 담아, 두 손으로 너를 잡고, 세상에서 가장 귀한 그대를 위하여 잔을 따르리라.

〈A rooster has the meaning of announcing dawn and her comb is symbol of bravery and wisdom, so that it said that the rooster ward off ghost and evil spirit and it has been regarded as a holy and mysterious animal in oriental. Inspired by rooster's comb, I created the Rooster Teapot. Her big red comb made with padauk wood means the confidence, and it is used as a handle of teapot. The wheeled rooster now lands on the table in order to serve tea. The spout is her mouth and the entrance of pour is her tail.

Because rooster has special meanings, such as dauntlessness in the pen and the sword, warding off ghosts and evil spirits, or announcing the dawn, if served tea in the Rooster Tea Pot, he can gain wisdom and bravery and open up a wonderful world.〉

2017년 겨울부터 2018년 봄 사이, 나는 세 종류의 Teapot(Rooster Teapot, Dog Teapot, and Buffalo Teapot)을 만들었다. 그해 여름 작품 3점을 Studio 21(Canada Halifax)을 통하여 Chicago SOFA 2018 전시회에 출품 신청을 하였다. 다행이 Studio 21은 흔쾌히 내 작품을 받아주었다. Chicago SOFA는 매년 열리는 국제적인 입체 예술품 전시회(Sculpture Objects Functional Art and Design)이며, 2018년 11월 1일부터 4일까지 4일 동안 Navy Pier(미국 Chicago)에서 열렸다.

Studio 21 Fine Art, Boot 19 in SOFA, Chicago, 2018

2018 Exhibition of Sunbury Shores Arts & Nature Centre in Saint Andrew, NB

Buffalo Teapot, 17×8×12cm, sterling silver, red palm, 358g, 2018

24. 인디언의 영혼 Buffalo Teapot

유럽인들이 아메리카 대륙에 처음 도착하였을 때 아메리카 대륙에는 4,000만 마리의 버펄로(Buffalo)가 있었다. 그러나 버펄로는 상업적인 대량 포획으로 대부분 멸종하였다. 그들은 갔지만 아메리카에서 버펄로의 이름이 스포츠 팀의 기, 문장, 로그, 마스코트 등등에 많이 사용되고 있다. 버펄로 지명도 많다. 그 대표적인 예가 뉴욕 주의 Buffalo(인구 26만 명)다. Buffalo 이름의 닭 요리도 있다. Buffalo는 프랑스 모피 상인들이 쓴 '황소'라는 뜻의 'boeuf'라는 단어에서 나온 말이다.

맹수들과 싸우는 버펄로의 힘과 투지, 용기가 떠오른다. 버펄로는 우리에게 먹을 양식을 주었고, 맹수에게는 먹잇감이었다. 이는 함께 살아가는 자연의 법칙이다. 그런데 어느 날 대륙에 침입자가 있었고, 그들은 총으로 무자비하게 버펄로를 대량 학살 했다.

아메리카 대륙에서 버펄로가 급감하자 원주민인 인디언들은 미국 정부가 제공하는 식량에 의존하게 되었고, 결국 그들은 아메리카 대평원을 잃고 좁은 구역으로 쫓겨나서 살게 되었다. 이와 동시에 사람이 소를 사육해서 잡아먹는 육우의 시대가 시작되었다.

버펄로는 현재 순수 혈통을 찾기가 어렵다. 잡종의 형태로 수십 마리가 사육되고 있을 뿐이다. 버펄로는 초원에서 사육으로, 원주민에서 침략자로, 그리고 낭만에서 탐욕으로 넘어가는 시대를 거치면서 사라져 간 인디언의 영혼이다. 나는 사라져 간 인디언의 영혼, 버펄로를 아쉬워하면서 Buffalo Teapot을 만들었다.

대학을 졸업한 후 입학하는 대학원 과정(Graduate Program)은 대학과 사회의 교량 역할을 한다. 대학에서 금속공예를 공부한 학생들은 대학 졸업 후에 관련

기업체의 직원으로 일하기도 하지만, 많은 이들은 직접 금속공예 공방(Studio)을 운영한다. 이때 대학 졸업생들은 사회 경험이 없기 때문에 대학을 졸업한 후 바로 자기가 배운 역량을 학교 밖에서 펼치기가 어렵다.

그래서 학생들은 Graduate Program 과정에서 공부와 작업을 병행하면서 학교를 떠날 때 스스로 자립할 수 있도록 연습한다. 즉, 학생들은 Graduate Program 과정에서 고객을 이끌 수 있는 자기만의 특별한 작품과 그에 따른 비즈니스 모델을 스스로 개발해야 하는 것이다. 주임교수는 이들을 격려하고 조언하며 돕는 역할을 한다.

나는 무엇을 만들고, 어떻게 많은 고객을 유혹할까 하고 많은 고민을 하였다. 또한 주임교수와 많은 대화도 했다. 50대 후반의 나이, 캐나다 이민자, 고국의 금속공예 시장의 상황, 나의 경제적 여건, 등등 많은 요소를 종합적으로 생각해 보았지만, 그 답을 이끌어 내는 것은 쉽지 않았다. 물론 20대인 나의 동료 학생들에게는 더 어려운 문제였으리라. 내 젊은 시절을 생각해 보면 충분히 짐작이 갔다.

평소 나는 치장용 Jewellery에 관심을 두기보다 조각품, 작은 용기, 기념품, 트로피, Memory Box 같은 중간 크기의 금속공예에 관심이 많이 갔다. 그리고 가볍고 유행에 따르는 디자인보다는 이야기가 있는 정통적인 디자인을 창안하려 했다. 내 나이보다 약간 많은 주임 교수는 내 생각을 잘 이해하였으며, 늦은 나이에 이국에서 열심히 예술활동을 하는 나를 항상 예쁘게 봐 주었다. 덕분에 나는 그와 솔직한 대화를 자주 이어갔다.

"Yeon은 전번에 Rooster Teapot을 만들었지. 그런 Series는 어때? 예를 들면, 또 다른 Animal Teapot 같은 것……."

주임 교수가 어느 날 커피 한잔을 청할 때 슬쩍 나에게 힌트를 주었다. 학교에 있는 장비는 기본적인 것들뿐이다. 자르고, 두드리고, 굽히고, 펴고, 용접하는 등등 이와 같이 거의 대부분 손으로 하는 기구들뿐이다. 최신식 장비는 없다. 오직 손으로……. 이전에 만든 Rooster Teapot과 Breast Teapot같이…….

아이디어를 스케치하고 또 하고……, 내 스스로 완성할 수 있는 가능성을 점쳐보고……, 그리고 과거 Rooster Teapot를 만든 경험을 바탕으로 Feedback을 해보고……, 그래서 고안한 것이 Buffalo Teapot이었다. 뿔은 손잡이로, 꼬리 부분은 물을 넣는 입구로, 주둥이는 차가 흘러나오는 출구로 하였다. 손잡이와 꼬리의 재료로는 red palm를 선택했다. red palm의 줄무늬가 강렬했기 때문이다.

최고의 작품을 만들기 위해 내내 긴장했고, 혹여 실패를 하면 더 많은 시간과 노력으로 다시 도전해야 했기 때문에 더욱더 긴장됐다. 가장 어렵고 힘들었던 것은 망치와 용접에만 의존하여 몸통을 만드는 것이었다.

〈The Native American lost their home as their soul, the buffalo, disappeared. Inspired by the Native American bravery and buffalo fighting, I expressed the soul of the Native American and the buffalo in the Buffalo Teapot. Perhaps people can feel the soul of buffalo when they are served tea in the Buffalo Teapot.〉

초기 **Teapot** 스케치

꼬리 부분의 나무 손잡이 뚜껑(Lip)을 열고 물을 붓는다. 머리 뿔(Handle)을 잡고 기울이면 주둥이(Spout)에서 물이 나온다.

Dog Teapot, 14×10×12cm, sterling silver, red palm, 365g, 2018

25. 나의 친구 Dog Teapot

　나에게는 아주 정다운 친구가 있다. 그녀는 내가 잠에 깨어날 때에 먼저 아는 척하고, 내가 집을 나설 때는 먼저 꼬리를 흔든다. 집에 들어올 때는 문을 열기도 전에 나를 알아차린다. 그리고 문을 열자마자 바로 내 품에 달려든다. 눈빛만 주어도 고개를 흔들고, 한마디 말만 해도 금방 알아채고 달려온다. 이렇게 그녀는 언제나 나를 반기며 내 품을 찾는다.

　내가 기분이 나쁠 때나 마음이 울적하여 잘 안아주지 않아도, 그녀는 아랑곳하지 않는다. 토라지지도 않고, 실망하지도 않으며, 기분 나빠하지도 않는다. 조용히 하라 하면, 그녀는 조용히 기다린다. "암전이 있어." 하면, 그녀는 역시 소리 없이 혼자 조용히 논다. 내가 산보하고 싶으면 그녀는 나와 함께하고, 내가 달리면 나를 따라 달린다. 내가 앉으면 그녀는 앉아서 기다리고, 내가 서면 그녀도 서서 기다린다.

　내가 혼자일 때는 그녀는 나와 같이 놀아주고, 내가 친구나 가족과 함께 있으면 그녀는 혼자가 되어 마냥 기다린다. 그녀는 질투를 하지 않는다. 먼저 사랑을 구한다. 부끄러워하거나 자존심을 내세우지 않는다. 내가 사랑만 해주면 그녀는 더 이상 특별한 것을 요구하지 않는다. 설령 내가 보고 싶지 아니해도, 그녀는 울거나 보채지 않는다. 항상 자기를 낮추며 기다린다.

꼬리 부분의 손잡이가 있는 뚜껑(Lip)을 열고 물을 붓는다. 물이 나오는 부분(Spout)은 주둥이 부분이다. Teapot의 날개 부분(Handle)을 잡고 차를 따른다.

오늘 그녀 목욕을 시키고 몸단장을 시켰다. 정말 아름다웠다. 그녀는 정말 행복해했다. 갑자기 그녀는 눈방울을 반짝거리며 귀를 쫑긋하였다. 무엇인가 말을 하려는 듯하였다. 그리고 앞발을 올리며 날아가는 듯 뛰어올랐다.

날고 싶은가? 그녀는 뛰기만 하였지. 내가 그녀의 몸에 날개를 달아주면 어떨까? 그래서 좋은 나무를 구해서 깎고 다듬고 광내어, 그녀의 등에 날개를 달아주었다. 그래, 이제까지 내가 너로부터 받은 사랑에 대한 나의 선물이야. 이제 한번 마음껏 날아 봐, 내 사랑, 내 친구.

⟨Dog is a symbol of friendliness. Inspired from friendly image of dog, the Dog Teapot with wing was created. The wing is a handle, the mouse is a spout, and the tail is a lid. Some who are served tea in that teapot will be special and eternal.⟩

Dog Teapot은 Rooster Teapot, Buffalo Teapot와 함께 Teapot 삼총사가 되었다. 얼마나 기쁜지? Graduate Program 기간 중에 나는 두 번의 교통사고를 당하였다. 걸어가다 건널목에서 버스에 받혔고, 그리고 5개월 후 승용차를 타고 가다 마주 오던 자동차와 정면충돌했다. 그때마다 긴급으로 병원에 실려 갔다. 그러나 나는 다친 몸을 이끌고 계속 작업에 몰입했다. 수없이 그만둘까 하고 망설였지만, 결국 나는 Graduate Program을 마치기 전까지 내가 설정한 목표를 완성했다. 내 Rooster(Teapot)의 기상을 보고, 내 Buffalo(Teapot)의 투지를 생각하고, 그리고 내 Dog(Teapot)의 사랑을 떠올리면서…….

나는 Graduate Program을 졸업하면서 준비한 "Momentum(Advanced Studio Practice Exhibition)"에 이 Teapot 삼총사를 전시했다. 그리고 그해 2018년 미국 Chicago에서 열린 SOFA에 Teapot 삼총사를 데리고 참석하였다.

"Momentum" Advanced Studio Practice Exhibition, Gallery 78, Fredericton NB

SOFA, 2018, Chicago USA

Foldable Sun Pendant, sterling silver, oxidized, cabochon lab-grown ruby round 10mm, size: 23×27×12mm, weight of pendant 22g, 2020

26. 태양 가족 Foldable Sun Pendant

작은 읍내 동해 바닷가에서 알몸으로 조개를 줍는 작은 아이가 보인다. 그때가 좋았다. 막 초등학교를 다니던 시절이었다. 파도를 따라다녔지. 하루 종일 바닷가에 있을 때도 있었지. 그래서 나는 여태껏 바다 갈매기와 푸른 바다를 좋아하는구나.

추운 겨울에 어린 아이들이 딱지치기를 하고 있다. 차가운 바람에 얼어 터진 손등 위로 피가 보인다. 그 옆에 작은 썰매를 타는 아이도 보인다. 그 뒤로 아낙네들이 큰 빨래통을 머리에 이고 고개 넘어 빨래하러 가는 모습도 나타난다.

내가 태어났을 때나 아기 때 생각나는 영상은 없다. 당연 그럴 것이다. 그러나 어촌의 비린내, 바닷바람과 바닷물 짠 내, 어부의 일하는 노랫가락 소리, 검정 고무신과 맨발, 한복의 흰색과 색동, 어머니와 아버지, 누나와 형, 할아버지와 할머니, 아제와 조카……, 이 모든 것들이 안개 속의 냄새고, 소리며, 뿌연 형상들이다. 흐릿하게 보이다가 금방 사라진다. 보이지 않는 기억들이다. 다만 느낌만 있을 뿐이다.

만남, 사랑, 그리고 결혼……, 행복해하는 연인의 모습이 보인다. 내 모습인가 보다. 시간은 기억 속에서 무척이나 빨랐다. 고개를 돌려보니 카메라 앞에 애들과 함께한 가족이 나타난다. 여행을 떠났나 보다. 그때가 바로 엊그제 같은데, 이제 그들도 내 곁을 떠나 있다. 한 지붕이 아닌 한 지구 아래 가족이다. 마음으로가 아닌 직접 얼굴을 보고 만져보고 싶다. 갑자기 참았던 감정이 북받친다. 눈물이 뚝뚝 흐른다.

추억 속 나의 이야기를 공예작품에 넣어 볼까? 의미 있고, 매혹적이고, 단순하면서 쉽게 목에 걸 수 있는, 그리고 나와 그대에게 이야기를 해주는 목걸이 말이다. 보는 사람마다 이야기는 다를 것이다. 그러나 아름다운 것들은 더 아름답게 되고, 힘든 것들은 우아하게 승화될 것이다.

파티장에서 멋진 드레스를 입고 이것을 목에 걸면 어떨까? 모든 사람들의 이목이 이것으로 향하고, 모든 사람들이 이것이 말하는 이야기에 귀를 쫑긋하겠지. 파티장에서는 재미있는 이야기가 최고다. 내가 말을 하기도 전에 이 목걸이가 스스로 이야기를 한다면? 아름다운 나의 이야기를, 우리의 이야기를 한다면 말이다.

흐뭇한 과거의 여행으로 이끄는 Album Pendant, 이것을 목에 걸치고 추억 속 여행을 한번 떠나 볼까? 많은 사람들이 모이는 파티장에서는 더욱 좋겠지. Album Pendant을 보는 내내 우리는 흐뭇하게 미소를 짓는다. 그러면 되는 것 아닌가. 그럼, 과거는 모두 아름답거나 우아하게 될 것이다.

　평소 나는 접을 수 있고, 이야기를 담을 수 있고, 또한 디자인이 아름다운 Pendant에 관심이 많았다. 추억을 담을 수 있는 또 다른 Pendant를 디자인하여 만들어 볼까? 용기(Box)를 만들기 위해서는 공간감과 디자인, 정확한 Shop Drawing과 그에 따른 작업 기술이 필요하겠지. 손톱만 한 공간에 이야기를 넣어야 하고, 이미지는 단순하면서 공감대가 있어야 하겠지.

　이런 물음을 스스로 만들어 가면서 본격적으로 여러 가지 고민을 하기 시작했다. 그때가 Sea Locket을 만든 이후였다. 구조, 디자인, 재료, 등등 스케치를 하면서 그 가능성을 확인하고는 여러 가지 안을 만들어 보았다. 그러나 쉽지 않았다. 마음에 쏙 드는 것이 없었던 것이다.

　학부 과정과 Graduate program을 마치고 고국에 머물 때였다. 그동안 구체적으로 스케치해 둔 안이 하나 있었다. 그것은 "이미지를 담은 Foldable Pendant"였다. 그러나 그것을 만들 수 있는 공방(Studio)이 나에게는 없었다. 고국에서 급히 은 용접기를 구하고 최소한의 기구와 도구만을 마련했다. 그리고 내가 일하는 사무실 한쪽 귀퉁이에서 남몰래 만들기 시작했다.

Foldable Pendant의 디자인 핵심은 목에 걸면 매혹적인 Pendant다. 그러나 앞면을 열면 그 안에 이미지가 보이는, 마치 접고 펼 수 있는 Foldable 핸드폰 같은 형태다. 즉 아름다운 Pendant를 목에 걸고 다니다가 뚜껑을 열면 그 안에서 아름다운 이야기가 흘러나온다. 그런 종류라면 누구라도 가지고 싶고 몸에 지니고 싶을 것이다.

작은 두 개의 사각 프레임(Frame)을 만들고 앞면에는 Ruby(10mm Cabochon Lap-Grown)를 중심에 두고 주변에는 작은 Tube를 점점이 박아 고급스러운 맛을 냈다. 반면 내부는 단순한 선으로 양각 이미지를 넣었다. 여기서 앞면을 쉽게 열고 닫을 수 있도록 상부에 Tube를 이용하여 Hinge를 달았다. 여기서 Hinge 위치에 Pendent 고리도 필요하여 첫 작품에서는 같은 위치에 Hinge와 Bail를 각각 설치하였다.

이 작업을 끝낸 후에 나는 Hinge와 Bail이 겹치는 문제를 해결하기 위하여 많은 고민을 했다. 국내뿐만 아니라 국외에 생산되는 모든 종류의 Tube를 구입하여 고리(Bail) 역할을 동시에 할 수 있는 Hinge를 고안하였다. 즉, Bail & Hinge 형태였다. 이후 만드는 Foldable Pendant에서는 이것을 적용하니 작업이 크게 단순하게 되었고 디자인 면에서 더 훌륭했다.

여기서 만족할 수 없었다. Foldable Pendant를 업그레이드 하여 "Double Foldable Pendant"를 만들었다. Foldable Pendant는 Hinge가 아래에만 있는 2Layers 형식이지만, Double Foldable Pendant는 Hinge가 위와 아래 동시에 있는 3Layers 형식이다. 3Layers 형식은 많이 복잡하였으나 2Layers 형식을 만드는 경험으로 3Layers 형식을 시도해 보았던 것이다.

이렇게 하여 만든 첫 작품은 가족 이미지를 담은 Foldable Sun Pendant이었다. 앞면의 느낌은 12개의 불꽃이 달린 태양(Sun)의 이미지다. 축복의 햇살이며, 1년 12개월 내내 해를 우러러 보며 사는 우리 이야기다. 내부의 두 번째와 세 번째 패널에는 추억을 되새길 수 있도록 가족 이미지를 두었다. 이는 선으로 표현된 단순한 암각 이미지다. 그리고 그들을 정첩(Hinge)으로 위와 아래를 연결했다.

완전히 접고 목에 걸면 아름다운 Pendant가 된다. 파티 드레스에 정말 잘 어울린다. 그런데 펼치면 그것은 자기 속살을 보이면서 나의 이야기를 속삭인다. 여기서 두 번째 패널을 내리고 목에 걸면, 또 다른 특별한 형식의 Pendant가 된다.

when I wear it
my hubby . my children
. and my past dady
come to mind.
lilee album

Foldable Mars Pendant, sterling silver, weight including chain 19g, size: 2.3×2.3×0.4cm, 10mm round cabochon lab-grown ruby

27. 화성 연인 Foldable Mars Pendant

열고 접을 수 있는 뚜껑(Cover)과 본체(Body)로 구성된 2Layers 형태다. 앞면에는 사각의 중심에 화성(Mars)을 두고 주변에는 별(Stars)들로 채웠다. 화성은 태양계에 속하는 행성으로 지구에서 바라보는 모습은 황색 빛을 띤다. 본체인 뒷면에는 웃고 있는 남녀의 이미지를 넣었다. 우리의 만남과 사랑을 뜻한다. 두 사람은 친구 사이일 수 있고, 연인 사이일 수도 있다. 혹은 지구인(Earthian)과 외계인(Arian) 사이일 수도 있다. 보는 사람마다 그 이야기는 다 다를 것이다.

Foldable Mars Pendant, sterling silver, oxidized, cabochon lab-grown ruby round 10mm, size: 23×27×8mm, weight of pendant 14g, 2020

Foldable Moon Pendant, sterling Silver, oxidized, Size: 24×30× 9mm, weight of pendant 21g, 2020

28. 달빛 속의 사랑 Foldable Moon Pendant

사각형은 안정적이다, 정확하다, 정각으로 빈틈이 없다는 느낌을 준다. 사각의 모서리 직각 부분을 잘라내면 팔각형이 된다. 팔각형은 사각에서 원이 되는 중간 형태로 사각과 원의 중간적인 느낌이 난다. 이는 사각과 원형이 가지지 못하는 아름다움을 가진다.

사각형에서 네 모서리를 동일하게 잘라내어 팔각형 Pendant를 만들어 보았다. 이렇게 하여 만든 것이 Double Foldable Octagon Pendant(팔각형 박스)였다. Double Foldable Square Pendant(사각형 박스)를 디자인하고 만든 경험으로 구조, 형태, 그리고 세부 디자인을 upgrade할 수 있었다. 그러나 어떤 이미지로 앞면과 내부 2면을 채울 것인가 하는 것은 큰 과제였다.

은은한 달빛 속에서 달콤한 사랑을 나누었던 추억을 떠올려 보았다. 은하수가 밤하늘을 수놓고 있다. 그 한가운데 둥근달이 떠 있다. 이 밤에 우리는 서로 이야기하고, 서로 사랑하고, 서로 애무한다. 그런 이야기가 생각났다. 팔각의 Pendant 전면에는 은빛의 반구를 중앙에 두고, 주변에는 작은 점을 점점이 넣었다. 내부에는 달빛 속에서 속삭이는 사랑의 이미지를 새겼다.

"오늘밤 그대를 유혹하고 싶으면 아래 Panel을 열고 이 Pendant를 목에 걸어 보세요. 그럼 당신은 훨씬 아름다워질 것입니다. 그때 넓게 파인 하얀 드레스를 입으면 좋을 것 같습니다. 붉은색 드레스는 어떨까요? 그때 그것은 무엇을 이야기할까요? 격식 있는 옷에서도 좋지만 일상복을 입고 목에 길게 걸어도 괜찮아 보입니다. 어쨌든 그것은 언제 어디서나 그대에게 아름다운 추억 여행을 선사할 것입니다. 이뿐만 아닙니다. Moon Pendant는 미래의 사랑을 열어주는 메신저가 될 수도 있습니다."

Double Foldable Octagon Pendant(팔각형 박스 펜던트) 작업은 크게 4단계로 나눌 수 있다.

1단계: 사각형 pipe를 만든다. 사각 pipe 크기: 23×23×T0.8mm. 이는 동일한 크기의 패널을 만들기 위함이다.

2단계: 3개의 패널을 만드는 과정이다. Cutting, Filing, Soldering 과정이 포함되고 은 땜은 Hard를 사용한다.

3단계: 글씨와 이미지 작업이다. 우선 정으로 패널 바깥 면에 글씨를 새기고, 폭 2mm 은판을 이용하여 이미지를 만들어 패널 내부에 넣고 은 용접을 한다. Pendant 앞면이 될 부분은 Stone Setting을 위한 Bezel 작업을 한다. 은 땜은 Medium을 사용한다. 작업 전에 반드시 3개의 팬널을 동시에 중첩해 보고 크기가 같은지 여부를 확인한다. 이 단계에서는 매우 정교한 용접 작업이 필요하다.

4단계: Hinge 작업과 최종 조립 과정이다. 은 땜은 Easy를 사용힌다. 패닐의 내부 이미지를 확인하여 패널의 상하를 정한 후에 상부 Bail & Hinge와 하부 Hinge의 용접 작업을 한다. 그다음으로 조립과 분해를 되풀이하면서 각각의 부품을 최상으로 Filing하고 광내기를 한다. 필요하다면 Oxidized, 혹은 Resin 작업을 한 후 최종적으로 조립한다. 마지막으로 Stone Setting을 하고 전체적으로 마무리한다.

매우 어려운 점은 Bail & Hinge를 디자인하고 그것에 맞는 Tubing을 찾는 것이었다. 우선 Rio Grande에서 모든 종류 사이즈 Tubing을 주문하고 서로 맞추어 보았지만 Outside Tubing 내경과 Inside Tubing 외경이 서로 맞는 하나의 조를 찾을 수 없었다. 그래서 국산 원형 파이프를 직경 사이즈별로 구입하여 Rio Grande 제품과 서로 맞추어 보았다. 그 결과 아래와 같은 하나의 조를 찾았다. Rio Grande에서 구입한 Outside Tubing은 외경 두께가 적당하였고, 두께가 두꺼워 은 용접하기에 좋았다. 국산 직경 3.5mm 은제 파이프는 두께가 얇아 원하는 목걸이 줄이 통과되어 선택되었다.

즉 무게와 두께를 생각하여 직경 4.57mm Tubing(외산)과 직경 3.5mm 은제 파이프(국산)를 한 조로 사용하였다. 이는 최상의 한 조였다. 직경 4.83mm Tubing은 무겁고 투박하여 보다 큰 Pendant를 만들고자 할 때 유용할 것 같다.

〈Bail & Hinge 작업 재료〉

Tubing 제품: Sterling Seamless Heavy-Wall Tubing. It is pre-cut into 12 length to Rio Grande.

Outside Tubing: H. 4.57mm OD, 3.48mm ID, 0.51mm wall Thickness, 혹은 G. 4.83mm OD, 3.56mm ID, 0.635mm wall Thickness.

Inside Tubing: 직경 3.5mm 은원 파이프(국산).

〈하부 Hinge 작업 재료〉

Tubing 제품: Sterling Seamless Heavy-Wall Tubing. It is pre-cut into 12 length to Rio Grande.

Outside Tubing: A. 2.03mm OD, 1.02mm ID, 0.51mm wall Thickness.

Inside Wire: 직경 1mm Sterling Wire(국산).

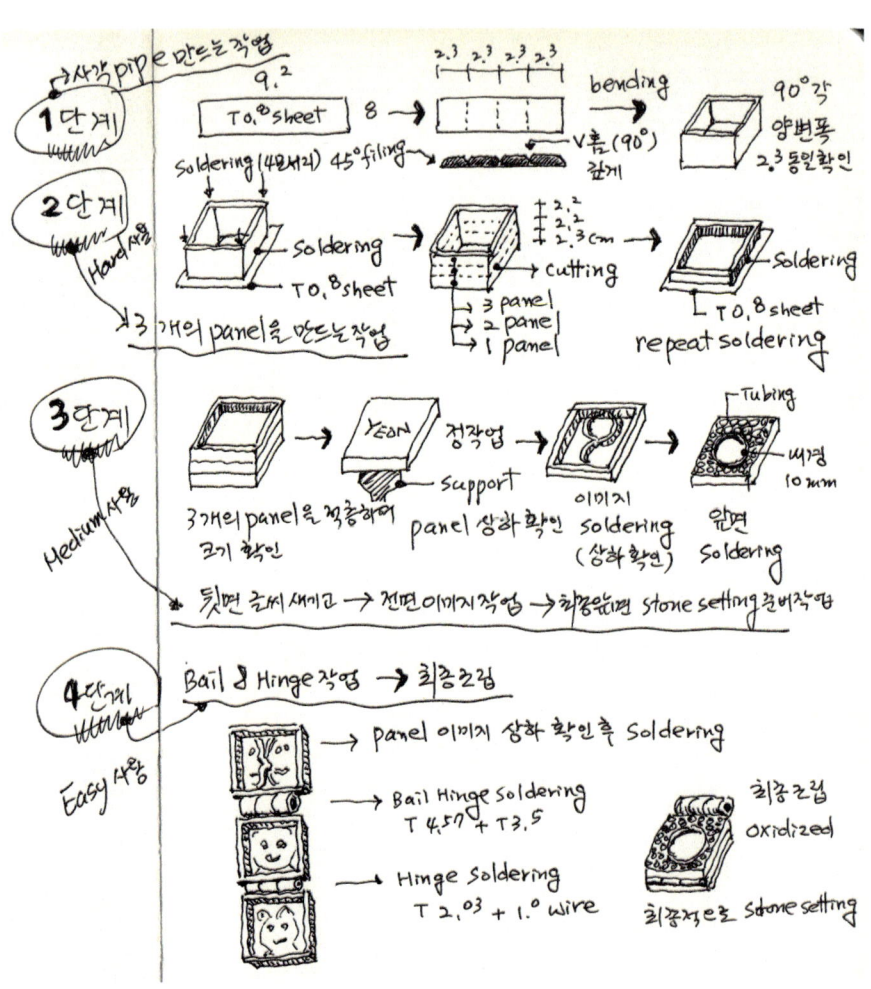

사각 pipe 만드는작업

① 단계 Soft사항

9.2

T0.8 sheet 8 → 2.3 2.3 2.3 2.3 → bending → 90°각 양변폭 2.3 동일확인

Soldering (4면서리) 45° filing → V홈 (90°) 각도 →

② 단계 Hard사항

Soldering → cutting → Soldering

T0.8 sheet → 2.2 2.2 2.3 cm → 3 panel / 2 panel / 1 panel → T0.8 sheet repeat soldering

→ 3 개의 panel을 만드는 작업

③ 단계 Medium사항

3개의 panel을 적층하여 크기 확인 → YEON support panel 상하 확인 → 정작업 이미지 soldering (상하확인) → Tubing 씨겅 10 mm 완면 soldering

→ 뒷면 글씨 새기고 → 전면 이미지 작업 → 최종윗면 stone setting 준비작업

④ 단계 Easy사항

Bail 8 Hinge 작업 → 최종조립

→ panel 이미지 상하 확인후 Soldering

→ Bail Hinge Soldering T 4.57 + T 3.5

→ Hinge Soldering T 2.03 + 1.0 wire

최종조립 Oxidized 최종적으로 Stone setting

168

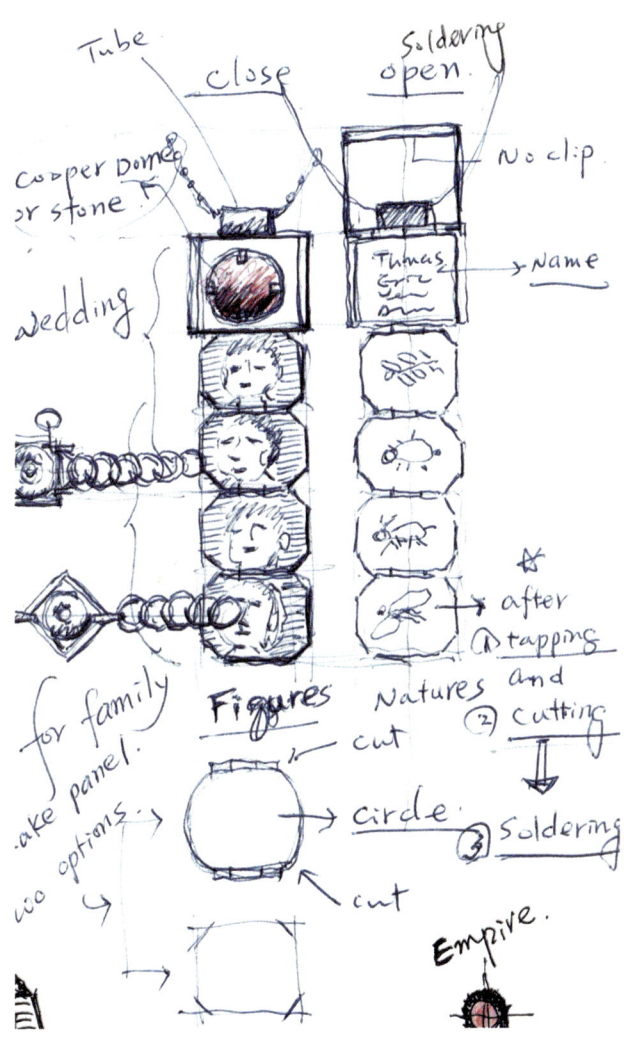

Tube

close

Soldering
open.

Cooper Domes
or stone

No clip.

Wedding

Thmas

Name

for family
ake panel.

two options

Figures

Natures and

cut

circle

cut

① tapping

② cutting

③ Soldering

Empire.

169

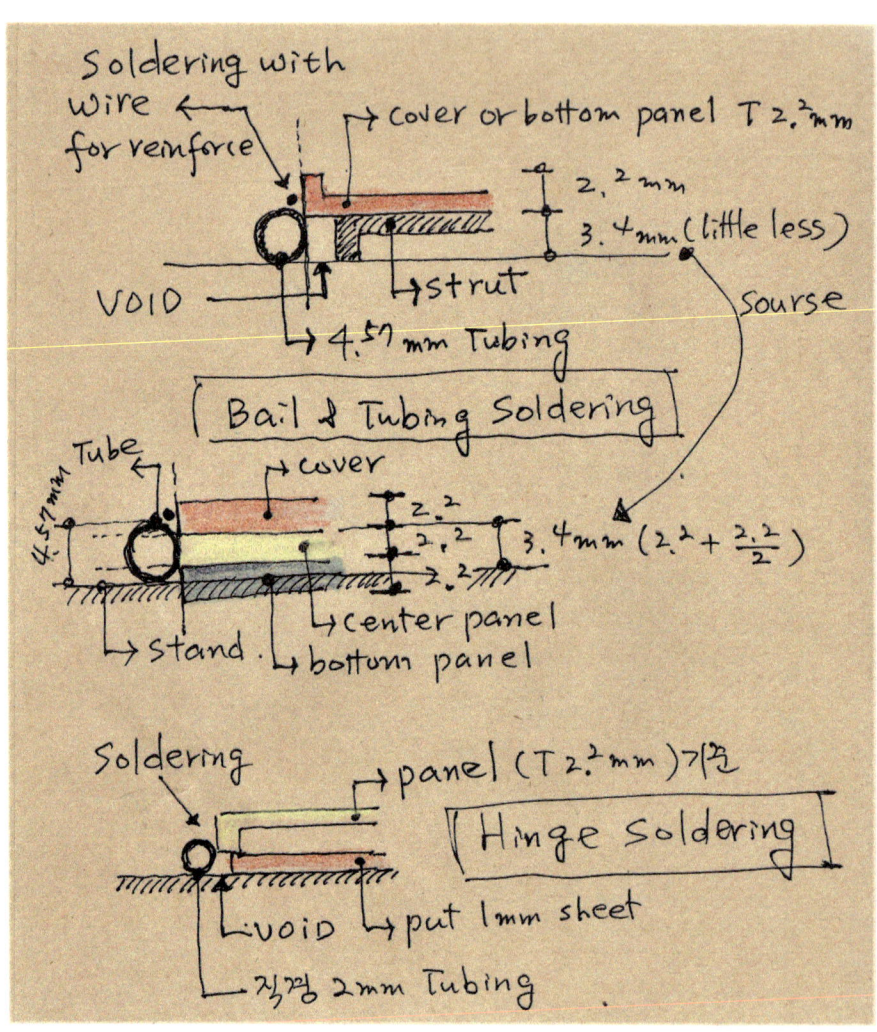

Soldering with
wire
for reinforce

→ cover or bottom panel T 2.²mm

2.²mm

3.4mm (little less)

VOID

→strut

→ 4.57 mm Tubing

sourse

Bail & Tubing Soldering

Tube

4.57mm Tube

→ cover

2.²
2.²
2.²

3.4mm (2.² + $\frac{2.2}{2}$)

→ Stand.

→ center panel
→ bottom panel

Soldering

→ panel (T 2.²mm) 가중

Hinge Soldering

→ VOID → put 1mm sheet

지경 2mm Tubing

170

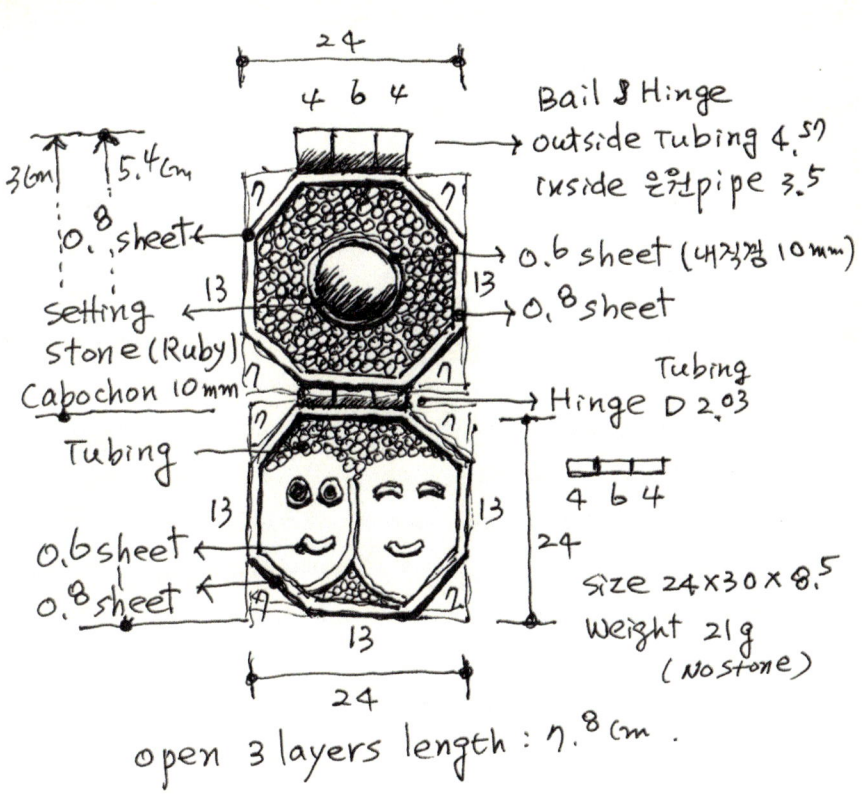

24

4 6 4

36n 5.4cm

0.8 sheet

setting
Stone (Ruby)
Capochon 10mm

Tubing

13

0.6 sheet
0.8 sheet

13

13

13

24

Bail & Hinge
outside Tubing 4.5?
inside 은원pipe 3.5

0.6 sheet (내경껨 10mm)
0.8 sheet

Tubing
Hinge D 2.03

Tubing

4 6 4

24

Size 24×30×8.5
Weight 21g
(No stone)

open 3 layers length : 7.8 cm .

Foldable Rising Moon Pendant, sterling silver, oxidized, size: 23×29×10mm, weight of pendant 23g, 2020

29. 달 가족
Foldable Rising Moon Pendant

달 가족을 생각하였다. 눈을 감으면 은빛의 보름달이 구름바다를 안고 수평선에 떠오르고 있다. 보름달이 바다 수평선에 잠길 때일 수도 있다. 가족이 밤 바닷가에서 노래를 부르며 뛰어놀고 있다.

Double Foldable Pendant는 2패널(panel)에서 3패널로 발전된 형식이다. 고리(Bail)와 Hinge를 각각 설치하는 것 대신에 하나의 부품으로 만든 Bail & Hinge로 대체하고, 전면의 디자인을 클래식 스타일로 바꾸었다. 그리고 패널에 양각된 이미지에 색을 넣어 보았다. 즉 파스텔 가루를 첨가한 Resin을 사용하여 다양한 색으로 표현하였다.

이제 2개의 Panel을 위와 아래로 완전히 열어보자. 그러면 웃는 가족들의 얼굴이 보인다. 둘 사이에 아기가 생겨 셋이 되었다. 가족은 축복이고 즐거움이다. 그것을 목에 걸면 왠지 모르게 기쁘다. 열고 보면 그때가 생각난다. 이렇게 Pendant는 추억을 보여준다.

패널을 닫고 목에 걸면 추억은 감추어지고, 오직 아름다운 목걸이가 된다. 그리고 아래 패널만을 열고 목에 걸면, 추억의 한 면만 보이는 특별한 pendant가 된다. 여기서 개인 취향에 따라 아래 패널에 자신의 이미지를 둘 수 있고, 혹은 사랑하는 사람이나 가족의 이미지를 둘 수도 있다.

Foldable Venus Pendant, sterling silver, oxidized, size: 24×30× 12mm, weight of pendant 21g, cabochon amber round 10mm, 2020

30. 금성 가족 Foldable Venus Pendant

샛별로 불리는 금성(Venus)은 태양과 달 다음으로 밝다. 지구에서 가장 가까운 행성이고, 크기와 무게는 지구와 매우 비슷하다. 표면은 매우 뜨겁고, 붉은 노란빛을 발한다. 그래서 비너스(Venus)라고 했나 보다.

보티첼리(Sandro Botticelli, 1444~1510)의 그림 「비너스의 탄생」에서 조개 위의 아름다운 나신의 비너스가 문득 보인다. 로마 신화에서 Venus는 모성애가 강하고 자식에 대한 애정이 깊다. 사랑과 아름다움의 여신이다. 가족을 떠오르게 한다.

별들이 점점이 있는 팔각형의 중심에 황색의 행성(Venus)을 두었다. 은하의 별들을 헤치고 뜨겁게 타오르는 듯한 모습이다. 이는 눈이 부시는 밤하늘의 별들을 배경으로 붉은 Venus가 자태를 뽐내고 있는 듯하다. Foldable Pendant 열어 본다. Venus의 모습이 투영되면서 나와 그대와 우리 아이의 모습이 번갈아 나타난다.

아빠가 웃고 엄마가 웃고 있다. 당연 애기도 웃는다. 사랑스러운 가족의 모습이다. 그래서 나는 금성 가족이라 했다. 영원히 변하지 않는 사랑과 아름다움의 여신, 비너스의 모습이다.

나이가 들면 가끔 추억을 더듬는다. 그때마다 결혼, 여행, 그리고 애들과 바닷가에서의 추억이 솔솔 핀다. 그래서 그녀는 이 Venus Pendant를 항상 목에 걸친다. 영원히 추억을 안고 다니는 느낌이다.

Foldable Uranus Pendant, sterling silver, resin, size: 24×30×12mm, open size: 24×78×panel thickness 2.3mm, weight 24g, cabochon malachite round 10mm, 2020

31. 천왕성 가족 Foldable Uranus Pendant

오늘은 그대를 사랑하고 3년이 지난 날이다. 그대는 촉촉한 눈빛으로 별빛에 누워 나를 기다리고 있었지. 생각해 보니 발그스름하게 달아오른 그대 얼굴은 정말 열정적이었다. 나는 불꽃처럼 그대에게 다가갔었지.

그때는 가을이 시작하는 때였다. 먼바다를 건너 산호초가 보이는 남태평양의 어느 섬이었지. 밤하늘은 별들로 촘촘히 채워졌고, 머리 위로 별빛이 쏟아져 내렸지. 형형색색의 별빛이었다.

밤하늘의 셀 수 없는 별빛을 보고 생각에 젖는다. 그대에게 물어본다. 무한한 은하 중, 여기 지구(Earth)에서 태어나 너와 내가 사랑으로 만났지. 별빛 그 너머 무엇이 있을까? 우리는 어디에서 와서, 어디에 있고, 지금 어디로 가고 있을까?

이제 우리에게 애기가 생겼다. 이는 반짝반짝 빛나는 또 하나의 사랑의 별이다. 그대를 사랑하고 3년이 되는 오늘, 나는 Uranus Pendant를 목에 걸고 그대가 준비한 파티에서 그대와 함께 춤을 춘다. 이때 Foldable Pendant는 관객들에게 저절로 열리면서 감미로운 음악과 함께 우리의 사랑 이야기를 아름답게 속삭일 것이다.

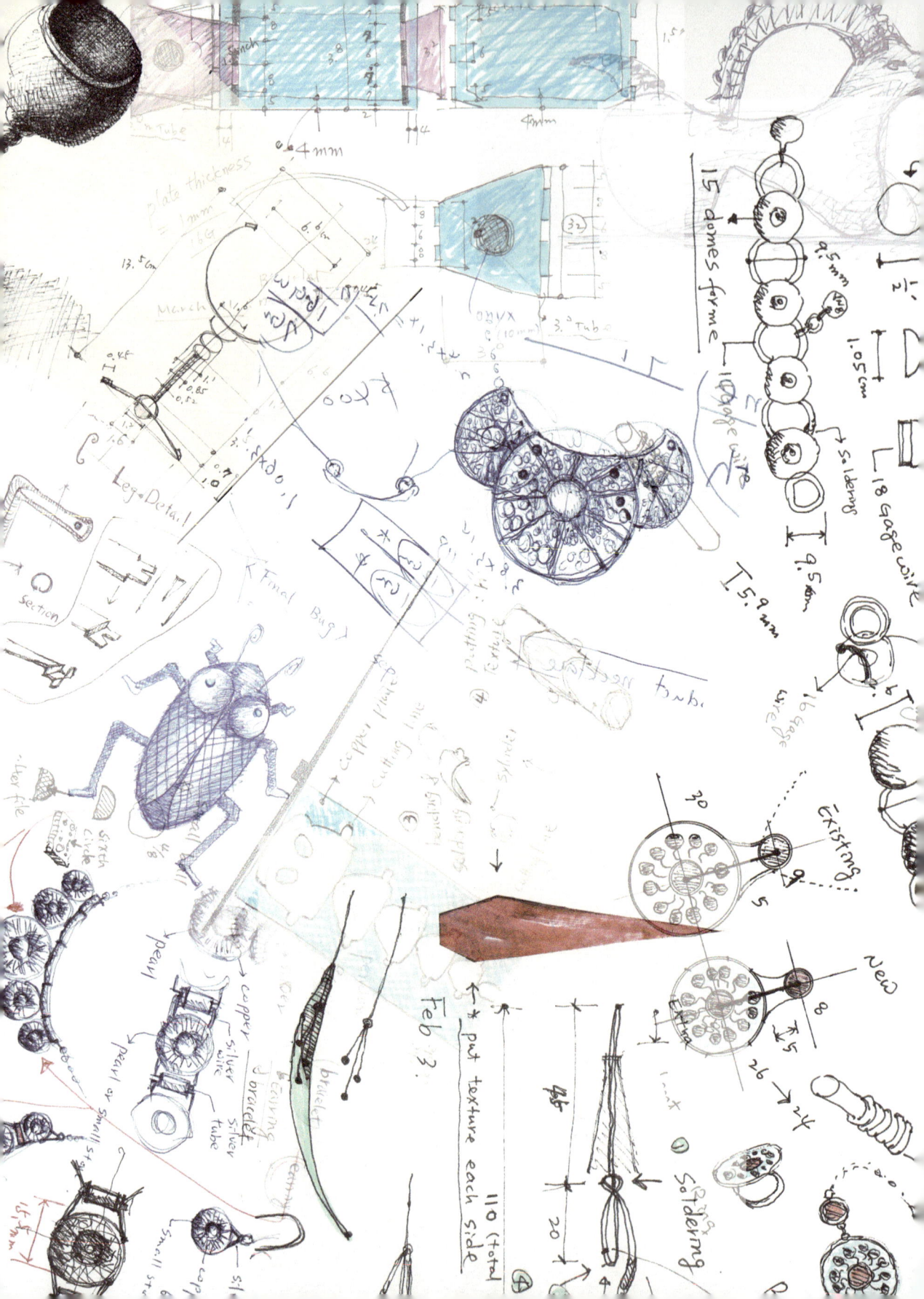

Chapter 3.
Storytelling

Galaxy Bracelet 5, sterling silver 45g, oxidized, main size: 24×
62mm, total length 200mm, 2023

32. 다섯 은하 팔찌 Galaxy Bracelet Series

한 점이 폭발하여 팽창하였다. 별(Star)들이 생기고, 그것이 모여 은하(Galaxy)가 되었다. 우리가 살고 있는, 큰 별 주위에 작은 별들이 있는 태양계(Planet)도 그중 하나다. 이것이 하나의 Idea Unit이다.

한 개의 Unit이 팽창하여 3개가 되고(팔찌1), 다시 6개가 되었다(팔찌2). 9개로 불어나자 서로 붙기 시작하여(팔찌3), 작은 우주가 생기고(팔찌4), 마지막으로 큰 우주(팔찌5)가 탄생했다. 137억 년 전 한 점(원시 우주)이 폭발하여 팽창하였고 지금도 계속하고 있다는 우주의 기원에 관한 이론(대폭발 이론, Big Bang Theory, 1927, Georges Lemaitre)과 같다.

노을의 태양을 보고 밤하늘의 하얀 달과 반짝이는 별들을 보았다. 왜 그것이 허공에 점점이 있을까? 왜 반짝일까? 우리가 살고 있는 지구, 태양, 별, 은하, 우주는 어떻게 생겼을까? 매우 궁금했다. 하얀 종이에 동그라미를 그리고 또 그렸다. 서로 모으고 펼쳤다. 그곳에서 작은 우주를 보았다. 바로 만들고 싶었다.

평판에 Tube를 잘라 정렬하고 은 용접하니 이것이 하나의 Unit이 되었다. 빅뱅 이론이 생각났다. 내 팔에 우주를 걸치자는 생각으로 Unit을 서로 연결하여 팔찌를 만들었다. 마지막으로 우주 느낌이 나는 Galaxy Bracelet가 탄생했다.

사람마다 팔목 크기는 다양하다. 호리호리한 사람도 있고, 두툼한 사람도 있다. 여자와 남자 팔목 크기도 서로 다르다. 만약 팔찌 길이가 고정되면, 그 팔찌에 맞는 사람만 착용이 가능하다. 그래서 범용성을 생각하여 이 팔찌를 원하는 누구라도 자신의 팔목 크기와 관계없이 착용할 수 있도록 연결 고리 방법을 개선했다. 즉, 필요에 따라 팔찌 연결고리 위치를 바꾸어 팔찌 길이를 조절할 수 있도록 디자인했다. 덕분에 나도 5가지 모두를 착용하여 즐겨볼 수 있었다.

그날의 분위기나 기분에 따라 각각 느낌이 달랐지만, 그중 마지막으로 만든 Galaxy Bracelet 5가 가장 돋보였다. 큼직하고 묵직한 것이 남자에게 잘 어울렸다. 남성적이다. 반면 Galaxy Bracelet 4도 역시 비슷한 느낌이 들었지만 여성적이다. 남자는 Galaxy Bracelet 5, 여자는 Galaxy Bracelet 4를 청바지와 함께 착용하면 정말 멋 부리는 한 쌍의 연인이 될 것 같다. 말을 타고 광야를 달리는 연인이 상상되는 순간이다.

Galaxy Bracelet 1(sterling silver, oxidized, weight 18g, length 200mm, 2023)

Galaxy Bracelet 2(sterling silver, oxidized, weight 23g, length 200mm, 2023)

Galaxy Bracelet 3(sterling silver, oxidized, weight 25g, width 12mm, length 200mm, 2023)

Galaxy Bracelet 4(sterling silver, oxidized, weight 32g, main unit size 39×26mm, length 210mm, 2023)

Stone Age, front side, sterling silver, bronze, oak size: d14×2cm, metal size: 8.0×6.3×0.6cm, 58g, oxided, metal(2017), oak(2023)

33. 과거 여행 Stone Age

"나는 왜 무엇인가를 만들려고 하는가?"

가끔 작업에 몰두하다 보면 나는 이런 의문에 빠진다. 어떤 때는 즐겁기도 하고 뿌듯해지는 경우도 있다. 성취감도 생기고 마음의 평형심이 생기기도 한다. 하지만 어떤 때는 힘들기도 하다. 한 작품을 만들기 위해서 생각 이상으로 많은 시간과 물자가 투입된다. 그런데 창작품은 생계에 도움이 되지 않는다.

"그런데 왜 나는 이런 작업에 몰입할까?"

미술 역사책을 열면 유명한 수많은 예술품이 소개된다. 가끔 미술 화보 책을 탐독하기도 한다. 그중에서도 유독 눈에 보이는 것이 있다. 동굴 벽화이다. 볼 때마다 내 마음을 끈다. 그리고 스스로 물음을 만든다. "왜 그들은 동굴 암벽에 힘들여 새기고 그렸을까?" 정확한 답을 표현하기는 어려웠지만 그것이야 말로 인간이 다른 생물과 구별되는 점일 것이다. 그래서 지금 우리는 문명화된 세상에 이렇게 살고 있다. 그래서 나도 지금 무엇인가 표현하면서 작업에 몰입하고 있는 것이 아닐까? 이렇게 생각하면서 또 다른 물음을 만든다.

"그들은 그때 무엇을 생각하면서 몰입했을까? 나는 지금 무슨 생각을 하면서 정으로 금속에 무엇인가를 새기고 있을까?"

동굴의 돌 면에 새긴 그림이다. 지금으로부터 약 5천 년 전의 일이다. 동물의 얼굴 표정이 이채롭다. 힘이 넘친다. 동작 하나하나 묘사는 경이롭다. 보는 이 순간에도 영혼들이 벽에서 마구 뛰어나올 것만 같다. 암벽에는 사람, 동물 새의 모습이 보인다. 사람 얼굴 같기도 한 이미지도 보인다. 그린 사람은 누구인가? 무엇을 생각했을까?

Wall Painting of Animals, Chauvet Cave, France, c.28,000 B.C.E.

Murujuga Petroglyphs, Up to 10,000 years old, Source: ChapGPT(Open AI)

동물들이 뛰어다닌다. 기하학 원형도 보이고 지그재그선도 보인다. 그린 자의 손도장인가? 여러 사람의 모습인가? 그들이 동굴 안에서 무엇인가 표현하려고 했듯이 나도 작업장에서 그들이 하듯이 해 보았다. 원시인이 하듯, Studio에서 동굴과 암벽 대신에 작은 금속판에 이미지를 새겨 넣었다. 동물을 새기고 사람도 새겨 넣었다. 나만 아는 언어도 새겼다. 그리고 둥근 메달을 만들었다.

"이것 무슨 뜻이지요?"

전시회에서 내 작품을 유심히 본 관객이 새겨진 글씨를 보고 물었다. 나는 이렇게 답했다.

"ㅊㄱㅎbHF, ㄲㅉㅍㅎㄹMJgny, *&1"

Sketch of animals and primitives

Metal of Stone Age,

front side

Metal of Stone Age,

back side

**Fortune Teller, sterling silver, cooper, oxidized, oak size: d18×
d2cm**

34. 미래 예측 Fortune Teller

　Zodiac Sign(Star Sign, 황도 12궁)은 태양을 중심에 두고 주변에 12개의 별자리를 배치한 것으로, 인간의 길흉을 예측하는 점성술(Horoscope)에 사용된다. 점성술에서는 출생 순간, 태양, 달, 행성 등을 조합하여 미래를 예측한다. 간단한 방법으로, Zodiac Sign의 황도 12궁 중에서 출생일에 해당되는 동물을 보고 자신의 성격을 유추할 수 있다.

　작품 Fortune Teller의 디자인 개념이다. 중앙에는 태양을 중심으로 12개의 별자리가 배치된 원반을 두었고, 주변에는 별들이 점점이 박힌 원형 Oak를 두었다. 은하의 중심에 태양이 있는 것이다. 여성(Birth), 해골(Human Being), 별(Stars), 그리고 은하(Galaxy)가 위에서 아래로 이어진다. 중앙의 원반은 돌릴 수 있다. 친구끼리 연인끼리 모여 원반을 돌려가면서 서로의 성격을 맞추어 보면 오늘의 파티는 더욱 재미가 있으리라. 이 작품은 벽에 걸거나 천정에 메달아 전시할 수 있다.

　Zodiac Sign을 이용하여 내 성격을 알아보았다. 출생일로 보면 나는 전갈자리에 해당된다. 아래 설명에서 전갈자리는 "노력형으로 열정과 감성이 많으나 집착이 강하다."라고 한다. 실제 나의 성격과 비교해 보니 비슷한 것 같다. 나는 개띠이다. 개띠는 감성, 온순, 성실로 해석된다. 내가 내향적인 성격의 예술가라고 하면, 서양적 해석(Zodiac Sign)으로나 보나 동양적 해석(12간지)으로도 보나, 둘 다 대충 맞는 것 같다. 매우 재미있고 흥미롭다.

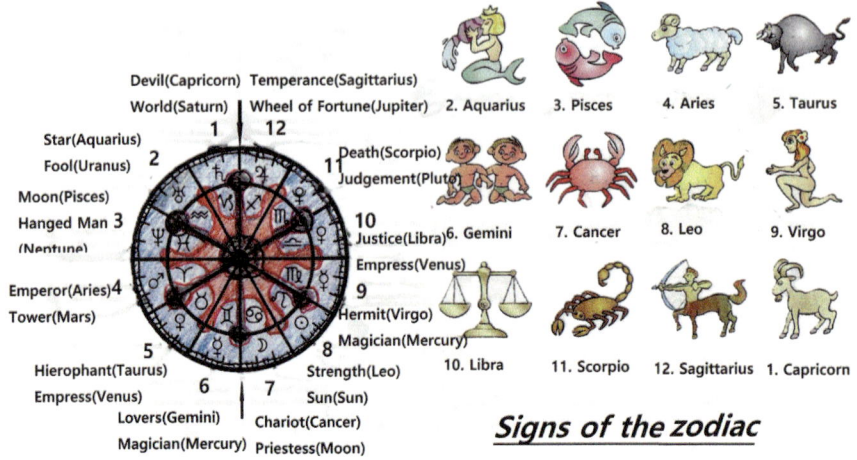

Devil(Capricorn) Temperance(Sagittarius)
World(Saturn) | Wheel of Fortune(Jupiter) 2. Aquarius   3. Pisces   4. Aries   5. Taurus
1   12
Star(Aquarius)
Fool(Uranus)   2   11   Death(Scorpio)
Judgement(Pluto)
Moon(Pisces)   6. Gemini   7. Cancer   8. Leo   9. Virgo
Hanged Man 3   10   Justice(Libra)
(Neptune)   Empress(Venus)
9
Emperor(Aries) 4   Hermit(Virgo)
Tower(Mars)   Magician(Mercury)
8
5   10. Libra   11. Scorpio   12. Sagittarius 1. Capricorn
Hierophant(Taurus)   Strength(Leo)
Empress(Venus)   6   7   Sun(Sun)
Lovers(Gemini)   Chariot(Cancer)   *Signs of the zodiac*
Magician(Mercury) Priestess(Moon)

Photo work of Signs of the zodiac, 2025

1. 양자리(Aries), 3/21-4/19, 활발하고 주도적으로 행동하나, 자신감이 과도하다.

2. 황소자리(Taurus), 4/20-5/20, 인내하고 안정을 추구하나, 반면 고집이 세다.

3. 쌍둥이자리(Gemini), 5/21-6/21, 호기심이 많고 다재다능하며 사교적이나, 변덕이 심하다.

4. 게자리(Cancer), 6/22-7/23, 감수성과 배려심이 많으나, 감정 기복이 크다.

5. 사자자리(Leo), 7/24-8/23, 큰 자신감으로 리더로 행동하나, 독선적이다.

6. 처녀자리(Virgo), 8/24-9/23, 분석적이고 계획적으로 행동하나, 주변과 갈등이 많고 까다롭다.

7. 천칭자리(Libra), 9/24-10/22, 조화롭고 공정하나, 결정 장애가 있다.

8. 전갈자리(Scorpio), 10/23-11/22, 열정과 감성이 많고 노력형이나, 집착이 강하다.

9. 사수자리(Sagittarius), 11/23-12/20, 낙천적이고 자유분망하나, 계획성이 없고 책임감이 부족하다.

10. 염소자리(Capricorn), 12/22-1/20, 계획적이고 근면 성실하나, 너무 엄격하여 우연성이 부족하다.

11. 물병자리(Aquarius), 1/21-2/19, 독창적이고 진취적이며 변화를 주도하나, 감수성이 부족하여 타인을 이해하지 못한다.

12. 물고기자리(Pisces), 2/20-3/20, 섬세하고 예술적이나, 현실감이 부족하다.

Storytelling Wheel, 12×14×1/4 inch, cooper, 1,900g, Feb. 2018

35. 나의 이야기 Storytelling Wheel

"돌고 돈다."는 뜻의 윤회라는 단어는 나에게 의미심장했다. 내가 알고 있는 많은 종류의 종교적인 언어 중에 이 단어만큼은 특별했다. 생전에 했던 만큼 결과가 되어 다음 세상에서 태어난다. 누구도 그것을 대신할 수 없다. 인과응보고 업이다.

윤회는 현재와 미래를 연결하여 사고하도록 강요한다. 다분히 권선징악적이다. 그래야 사람들이 현세에 나쁜 언행보다 선한 언행을 한다. 한편으로 지배자의 요구에 따르게 된다. 지배자의 의도이면서 종교적이고 선동적이다.

그런데 나는 윤회를 현세에서 국한하여 생각해 보았다. 종교적 선동성을 배제하더라도 우리 일생 동안에서 윤회라는 것이 어느 정도 있다는 생각이다. 원인은 그것에 따른 결과를 당연히 초래한다는 점에서 말이다. 그래서 나는 내세의 윤회를 믿지 않지만, 현세에서의 윤회를 믿는다.

먼저 현세에서 윤회는 내가 한 만큼 내가 받는다. 내가 살아가는 과정이 나중에 그 결과가 된다는 것이다. 그다음 남으면 내 자식이 받는 것이고, 그리고 그만큼 내 자식이 나를 닮아 가는 연속된 여정이다. 이것이 바로 현세에서 업보다. 그것은 미래로 자손을 통하여 생물학적이면서 문화적으로 전달된다는 뜻이다.

현실적인 이익을 위하여 공부하여 의사와 전문가가 되었다가 다시 자기가 좋아하는 본업으로 돌아온다. 부모 기대에 자기 길을 잊었다가 나중에 자기 길을 찾는다. 위로만 향하다 갑자기 아래로 추락하여 바닥에서 진정 자기 자신을 찾는다. 욕망의 길로 가다가 결국 본래 자기 길로 돌아온다. 정말로 자기 행복이 바로 옆에 있었지만, 그것이 진정 행복인지를 모르고 살다가 뒤늦게 후회하는 사람들이 많다.

진정 이것이 우리 자신이다. 경험하지 않고는 알 수 없다. 머리로 알 뿐이다. 그래서 역사는 반복되고 인생도 같은 실수로 반복되는 것이다. 정말로 처음으로 찾은 자신을 그대로 밀고 나가는 사람이 어디 있겠는가? 애초부터 찾지 못하고 돌아오지 못하는 길로 자꾸만 가고 있는 인생도 많다. 인생 끝에서 자신이 무엇인지 모르는 이들도 많고, 눈을 감을 때까지 자기 길을 찾으려고 시도하지 못하거나 아니 한 사람도 많다. 숨을 거두면서 그때 바로 후회하는 인생도 많다.

다행히 많은 우리는 욕망으로 다른 길을 들어섰음을 알고 난 뒤 고민하고 다시 자기 길로 가고자 한다. 인생은 자아를 찾아가는 여정이다. 그것을 내세에 넘기면 당장 편하고 안심이 되지만 현세에서 나 자신은 없게 되는 것이다.

인도 불교영화 「Samsara(윤회, Pan Nalm 감독 Shawn Ku, Christy Chung 주연, 2001년)」를 보았다. 젊은 나이에 열반을 찾았으나 욕망에 이끌려 속계 생활을 하게 되었고, 결국 다시 열반을 찾기 위하여 속계를 떠나는 인생 여정이었다. 나도 그랬다. 내가 가야 하는 길이 있었는데 욕망과 욕심에 눈이 멀어 나는 다른 길을 선택했다. 그리고 내가 갔어야 하는 길을 늦은 이제 구하고 있다.

그래서 나는 한 뜸 또 한 뜸 수만 번을 금속 표면에 정으로 새기고 새겼다. 그리고 내 이야기를 했다. 힘든 시간이었고 큰 노고였다. 수만 번 금속표면을 정으로 때리고 때릴 때마다 내 심장의 고동은 울렁거렸다. 그러나 많은 순간에서 조금씩 힘듦이 희열로 바뀌었다. 지금 겪는 고통은 내 과거 삶의 업이라. 그냥 돌아올 수 없지 않은가? 버리고 잃어야 다시 찾을 수 있다. 욕망의 과거를 이제 공짜로 물릴 수 없는 것이 아닌가? 그것은 나의 이야기였다. 이것은 우리 자신의 이야기인지도 모른다.

〈It has eight engraving drawings on the each side. Each sixteen drawings are connected and make one story of cycle of life. It is like a reincarnation(samsara).〉

Drawings on the front side of wheel

1. birth, 태어나다.

2. remain at the temple, 절에 들어가다.

3. becoming monk, 스님이 되다.

4. meditation for 3 years, 3년 동안 명상을 하고,

5. being great monk, 큰스님이 되다.

6. wondering and desire, 회의심과 욕망이 생겨,

7. leaving the temple, 절을 떠나다.

8. married, 결혼을 하다.

Drawings on the backside of wheel

1. having baby, 아기를 얻다.

2. working for family, 가정을 부양하다.

3. enjoying with family, 가족과 즐기다.

4. community, 사회생활을 하다.

5. conflict with people, 사람들과 충돌하다.

6. wondering, 회의심이 생기다.

7. going to the temple, 절에 다시 가다.

8. enlightening through meditation again, 명상으로 깨닫다.

Dangling Bracelet, sterling silver, oxidized, 77g, 2015

36. 대롱 팔찌 Dangling Bracelet

두 개의 꽃잎을 연결하여 그 밑으로 세 개의 대롱을 달았다. 이것이 하나의 Unit이다. 7개의 유닛을 연결해 보았다. 허리에 차는 혁대 모양에 21개 잎이 대롱거리는 팔찌가 되었고, 목에 걸면 가슴에 부채 모양으로 펼쳐지는 근사한 목걸이가 되기도 했다. 이것은 같은 모양이 수평과 수직으로 반복되는 아름다움(Repetition)을 보인다.

왕비가 머리 위에 장식하면 이것은 왕관이 되고, 앞가슴에 두면 화려한 목걸이가 된다. 장수가 허리에 차면 마치 무장용 허리 벨트 같고, 손목에 걸치면 무장용 팔찌 같다. 실제 나는 이것을 가끔 차고 다녀보았다. 손등을 감싸는 금속 감촉과 찰랑거리는 금속 소리에 내가 마치 중세시대 기사가 된 것 같았다.

처음 보는 사람에게 말을 걸기는 참으로 어렵다. 특별한 것을 몸에 지니면 "Amazing!" 하며 다가오는 사람이 많다. "Thanks." 하고 답하면 다시금 대화가 이어진다. "어디서 어떻게 구했나요?" 하며 서로 할 이야기도 많아진다. 서로 통하면 Tradition & Postmodernism 이야기도 나온다. 이것이 연결고리가 되어 친해진다. 그뿐만 아니라 친구끼리는 새로운 이야깃거리가 생겨 차 한잔 혹은 술 한잔 하면서 한없이 대화가 이어진다.

이렇게 공예품(Arts)은 사람과 사람을 연결해 주는 고리 역할을 하기도 하며, 아는 사람 사이에는 대화를 풍성하게 이어주는 역할도 한다.

Fishes Frame, sterling silver, cooper, oak, size: 290×180×20mm, 2023

37. 기지와 패기 Fishes Frame

잉어는 멋진 외모와 거친 물살을 헤엄치는 강한 힘을 가진 민물고기다. 잉어는 은은한 황금빛 광채와 중후한 모습, 그리고 기지와 패기가 넘치는 기상의 의미로 자주 쓰이며, 동양화에서 자주 나타난다. 잉어 꿈은 예로부터 태몽으로 풀이되며, 복스럽고 경사스럽다고 말해진다.

물고기의 몸부림을 어떻게 표현할까? 여러 가지 크기의 은제와 동제 튜브를 얇게 잘라 이리저리 연결해 보았다. 그리고 은판을 잘라 망치로 두들겨 입체감을 내고 정으로 텍스처를 넣어 머리와 지느러미를 덧붙였다. 배경으로 Oak 나무판을 두니 나무 줄무늬가 흐르는 물결이 되었고 그 위에 여러 가지 크기의 은제 튜브를 촘촘히 박아 보았다. 이는 물고기가 만드는 물방울이 되었다.

여기서 두 마리가 다정스럽게 헤엄을 즐기는 모습으로 보이나 보는 사람에 따라 다를 수 있다. 피를 흘리며 다투는 암수 물고기일 수 있고, 온몸을 내던지며 내가 태어났던 강 상류를 거슬러 올라가는 연어를 떠올리는 사람도 있다. 공통적인 느낌은 아마도 본능적인 몸부림이 아닌가 한다.

은 용접 하는 중

Gift Set(Couple Rings, Pearl Earring, Pearl Necklace), sterling silver, pearl, oxidized, 2023

38. 애인을 위한 Gift Set

사랑하는 여인을 위한 Gift Set를 만들어야 했다. 무엇을 만들까? Ring, Earring, Necklace 이렇게 세 가지를 정했다. 그럼, 주제를 무엇으로 할까? 달과 별(Moon & Stars)이 떠올랐다.

Couple Rings에는 반짝이는 별 사이사이 두 사람 이름 첫 알파벳 대문자 HSA를 넣었다. Pearl Earring에는 반짝이는 별 중앙에 검은 달과 하얀 달을 각각 넣었고, Pearl Necklace에는 중앙에 분홍빛 달을 넣었다.

검은 달은 항상 내 임을 이해하는 마음의 표현이고, 하얀 달은 항상 내 임을 기다리는 마음의 표현이며, 분홍빛 달은 항상 내 임을 사랑하는 마음의 표현이다.

연인들의 사랑이 밤하늘에 반짝이는 별과 같아라. 밤하늘에 뜬 둥근달과 같아라. 밤하늘에 반짝이는 별들과 영원히 함께하는 환한 둥근달과 같아라.

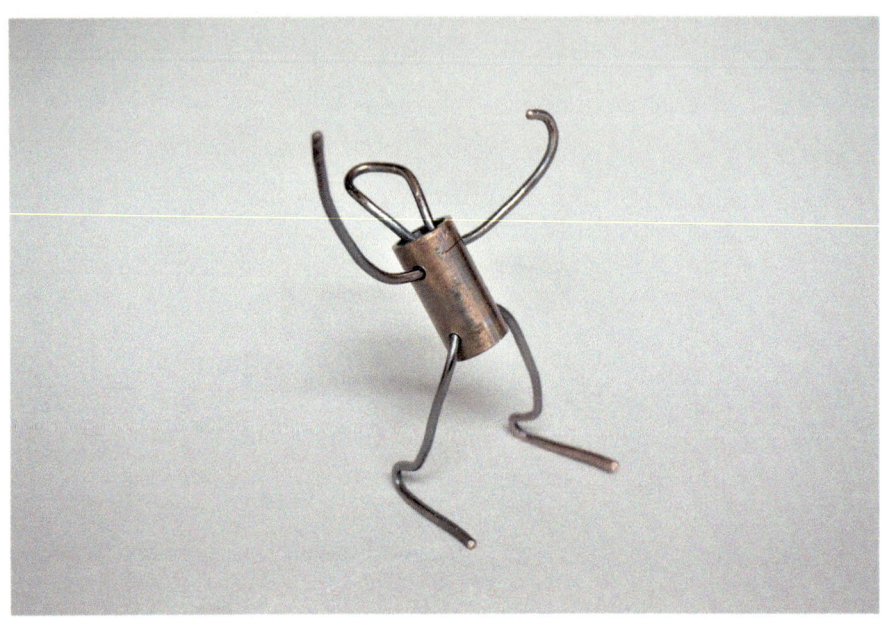

Iron Man, cooper, size: 7×10×9cm, 원통직경: 1.0cm, 30g, oxidized,
2017

39. 내 의지의 표현 Iron Man

캐나다 공예디자인대학 과정을 마치고 2015년 나는 대학원(Graduate Program)에 진학했다. 금속공예 활동을 하기에는 학부과정으로만 미흡하다는 생각이었다. 어느 날 수업시간이었다. 교수로부터 "앞으로 나는 무엇을 할 것인가?"에 대한 작품이나 소품을 준비하여 발표하라는 Project가 제시되었다. "학생들은 현재 어떻게 학업에 전념할 것이며, 학업을 마치고 사회에 나가면 그때는 또한 어떻게 현실에 적응할 것인가?"를 미리 고민해 보는 프로젝트였다.

교수가 문제를 제시하고 학생이 그것을 해결하는 대학과정과 다르게, Graduate Program에서는 학생이 모든 과정을 스스로 정하고, 그리고 그것을 실천해야 한다. 선생은 단지 옆에서 도울 뿐이다. 학생은 졸업 후에 사회로 나간다. 그때는 선생의 도움 없이 혼자 헤쳐 나가야 한다. 이것을 대비하여 미리 고민해 보는 수업이었다.

"졸업 후에 무엇으로, 어떻게, 사회에서 활동할 것인가?"

"내 목표는 무엇인가?"

"내가 하고 싶은 것은 무엇이었던가?"

이는 공부하는 청년기에 많이 필요한 물음이었지만 나에게도 역시 필요했다. 나는 10년째 캐나다 생활을 보내는 중년임에도 불구하고 여전히 나에게 그런 물음이 크게 다가왔고, 이제 다시 배우는 학생이 되고 보니 그 물음은 더 간절하게 다가왔다. 여기서 나는 "무엇"보다는 "어떻게" 할 것이냐가 더 고민이 되었다. 중년의 나이를 고려해 보면 내 방식대로 한다는 것에 대하여 젊은이들보다 고민이 덜 심각했다. 더욱이 나는 이미 금속 공예에 빠져 있었기 때문이다.

프로젝트를 풀어나가는 도중에 나는 지금의 캐나다 이민생활이 떠올랐다. 캐나다에 도착하자마자 그때부터 지금까지 어려움의 연속이었다. 한마디로 나의 생활은 엉망이었다. 애들은 애들대로 힘들어하였다. 어려움은 연속되면서 또한 겹쳤다. 고국도 아닌 캐나다에서 그때마다 말은 못 하고 끙끙대기만 하였다. 정말 바닥이었을 때가 여러 번 있었다. 그때마다 나는 희망을 버리지 않고 어려움을 헤쳐 나갔다. 지금은 학교에서 금속공예를 배우면서 창작 활동에만 몰입하고 있다. 중년에 또 하나의 인생 목표를 만들고 있는 것이다. 이런 나의 이야기를 작품으로 표현해 보고자 하였다.

　나는 동으로 Flexible Iron Man을 만들었다. 그것은 하나의 Sculpture이면서 여러 종류의 동작을 표현할 수 있다. 사람은 살아가면서 누구나 어려움을 겪는다. Iron Man은 그때의 상황을 몸으로 표현한다. 나는 이것을 이용하여 발표 시간에 내 과거와 현재, 그리고 미래를 설명했다.

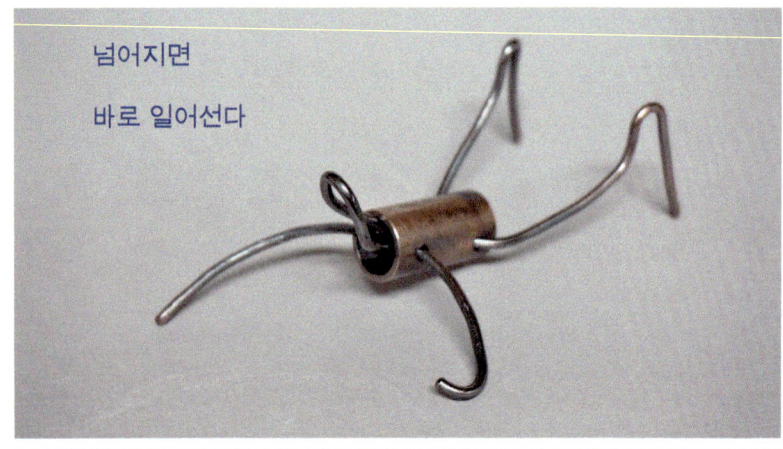

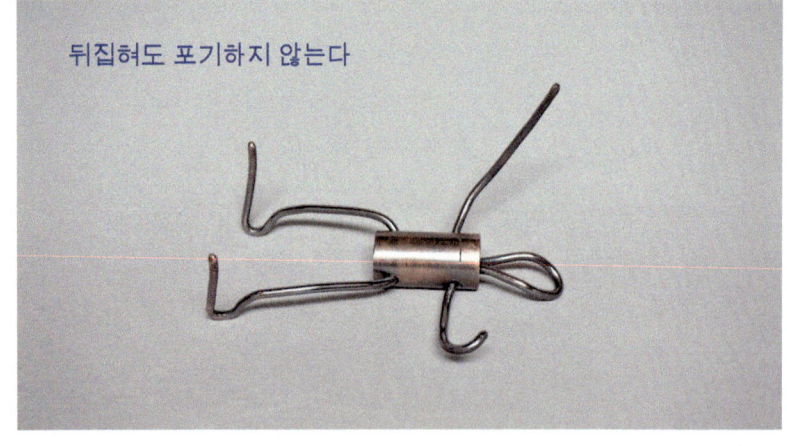

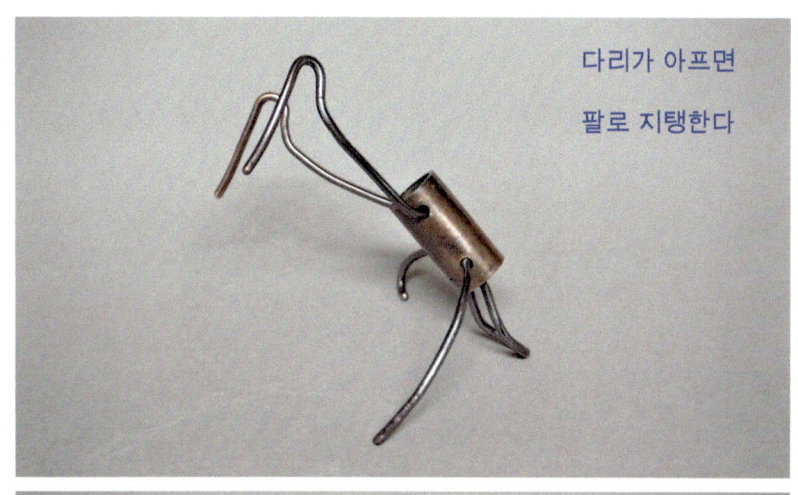

다리가 아프면

팔로 지탱한다

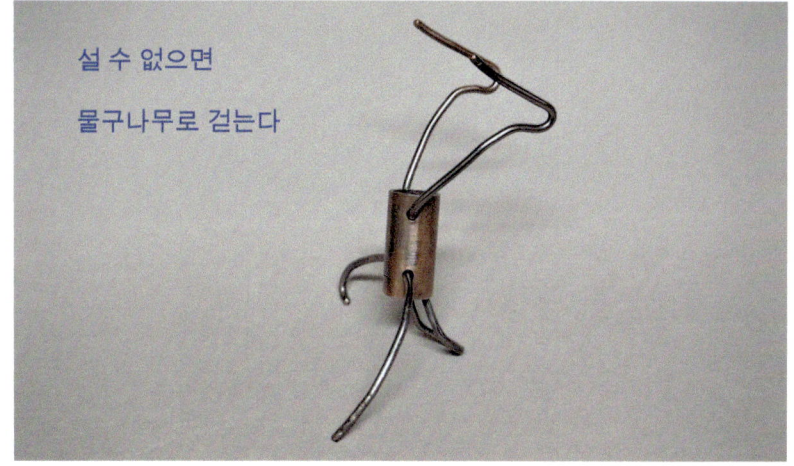

설 수 없으면

물구나무로 걷는다

일어서서

당당히 나아간다

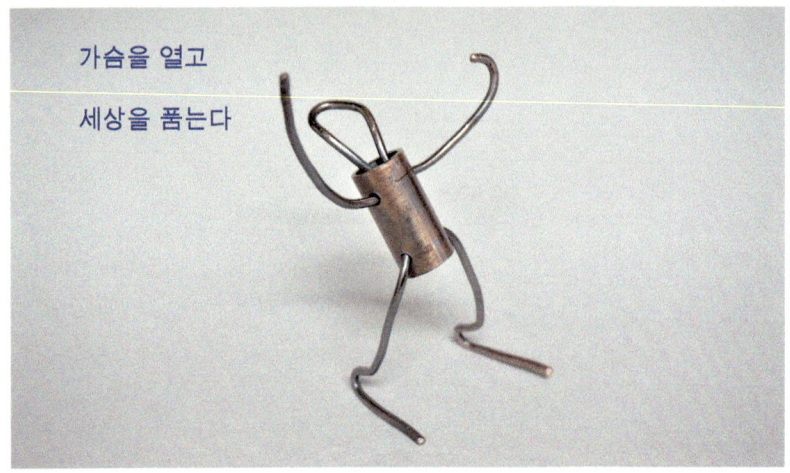

가슴을 열고

세상을 품는다

　여섯 개의 포즈는 사람이 살아가면서 일어날 수 있는 여러 경우다. 큰 비디오 화면을 준비하여 관객들에게 보이면서 동시에 실제로 하나하나 Iron Man의 동작을 시연했다. 그리고 단계에 맞추어 내 이야기를 해 나갔다.

　살아나가면서 많은 어려움이 있었다. 어릴 때, 청년 때, 가족이 생기고, 그리고 캐나다로 이민을 오고 나서도 수많은 어려움이 나를 거쳐 갔다. 바닥에서 신음했었고, 거꾸로 매달려 헐떡거리기도 하였다. 힘들게 바닥을 지탱하면서 크게 갈등도 했었다. 어떤 때는 포기하고 싶었다. 그때마다 나는 포기하지 않고 다시 시작했다. 그리고 가슴을 펴고 당당히 하늘을 품었다.

다행히 지금 나는 금속으로 무엇인가 만들고 있다. 이때만큼은 행복하다. 내가 하고 싶은 것을 찾은 것이다. 그래서 누가 관심이 있든 없든 묵묵히 작품을 만든다. 무엇인가를 창조하기 위해서 작품에 몰입한다. 이제 가슴을 펴고 자신만만하게 나아간다. 스스로 자신의 인생을 창조할 때가 진정으로 나의 살아가는 이유가 된다.

내가 Iron Man을 디자인하여 이런 나의 생각을 발표하게 된 이유는 무엇일까? 내가 이렇게 앞으로 살아가겠다는 내 생각을 도출해 본다는 것은 중요하다. 의지의 표현은 한번 내 생각을 반추해 보는 기회가 되고 실행하는 데도 많은 도움을 주기 때문이다. 그것보다 더 중요했던 것은 내 발표를 듣는 학우들이 대부분 내 아들 나이 또래였기에, 그 젊은이에게 내 당당한 중년을 보이고 싶었기 때문이다. 현재 Iron Man은 내 책상 선반 위에서 가슴을 펴고 서 있다.

〈Whenever I fell down, I stood over again. People think me impractical because I couldn't success financially. I don't care about it. I am going to my way, which is doing what I want to do even I have many kinds of barrier in front of me. Being a good Jewellery/Metal designer is my goal.〉

Cross Necklace(sterling silver, oxidized, 2014)

Crown Bracelet(sterling silver, 2014)

40. 나를 위한
Cross Necklace & Crown Bracelet

나는 캐나다에서 금속공예가로 활동하면서 많은 작품을 남겼다. 그중 대부분 갤러리에 전시되어 팔리고, 지금은 몇 안 되는 작품들만 남아 있다. 나는 영업적으로 작품활동을 하지 않으니 팔리든 안 팔리든 상관하지 않는다. 그러나 다행히 내가 원하는 가격으로 팔리면, 그것은 나의 작은 수입이 되면서 다시 작품을 구상할 수 있는 근원이 된다.

나는 주로 은공예를 한다. 요즈음 은 가격이 많이 올라 옛날 같이 쉽게 은을 소모품으로 여겨 가면서 작품활동 하기가 쉽지 않다. 그리고 현재 살고 있는 아파트에 공방이 없어 작업을 하기가 어려울 뿐만 아니라 노년의 편안함으로 인하여 작품활동을 게으르게 하고 있다.

10년 전 나는 캐나다에서 해왔던 작품활동을 그만두고 귀국하였다. 고향이 그리워서 그랬고, 현지에서 살기에는 너무 외로워서 그랬다. 귀국할 때 팔리지 않은 대부분 작품은 캐나다 현지 갤러리(Gallery)에 전시·판매될 수 있도록 남겨 두었다. 그러나 내가 착용하고 있었던 팔찌, 목거리, 반지와 귀하게 여겼던 Teapot 등등은 가지고 귀국하였다. 대부분 내가 아끼던 작품이었고, 내가 원하는 높은 가격이 아니면 팔지 않았던 작품이었다. 이 모든 것은 지금 내 아파트에 있다.

내가 캐나다에서 금속공예를 할 때에는 특정한 목걸이와 팔찌를 항상 하고 다녔다. 목걸이는 십자가 모양이라 해서 십자가 목걸이(Cross Necklace)라 했고, 팔찌는 왕관 모양이기에 왕관 팔찌(Crown Bracelet)라 했다.

십자가 목걸이는 금속공예 입문 초기에 만든 것으로 목걸이 줄에 십자가 펜던트(Pandent)가 달린 형태였다. 왕관 팔찌는 대학교 수업 과제물 시간에 만든 것이다. 신라 왕관에서 그 모티브를 얻어서 디자인한 것으로 고향 생각이 나는 작품이었다.

그때는 한창 금속공예에 몰입할 때였다. 가족을 부양하면서 하는 대학교 생활은 매우 어려웠고 여유가 없었다. 힘들 때나 내 자신을 놓고 싶을 때 나는 그 십자가를 손에 쥐거나 팔찌를 손가락으로 만지면서 신음 같은 기도를 했었다. 그래서 그 목걸이와 팔찌는 나에게 특별한 의미가 있었다.

3중 레이어로 겹쳐진 십자가가 달랑달랑 걸린 목걸이다. 내가 비틀거릴 때 으레 십자가는 내 손에 닿았다. 나도 모르게 십자가를 만지면서, '그래, 마음을 잡자, 잡자.' 하며 기도를 하였다. 조금씩 마음이 좋아짐을 느꼈다. 반구가 있는 8개의 유닛이 연결된 팔찌다. 힘들 때 나도 모르게 팔찌 유닛을 만지면서 하나씩 넘기곤 했다. 여유가 생기고 마음이 안정되었다.

십자가는 특정 종교의 의미가 아닌 내 자신의 십자가였다. 특히 힘이 들 때 그것을 손으로 만지면 뭔가를 느꼈다. 내면의 내 영혼과 감히 접할 수 없는 절대자 존재 같은 것이었다. 팔찌 유닛에 있는 반구를 엄지에 대면 부드러운 느낌을 받았다. 마치 어머니 젖무덤 같았다.

이렇게 나는 그 십자가 목걸이를 목에 걸고 손으로 만지면서 기도를 하면, 종교 기도문이 아니지만, 마음이 편해짐을 느끼면서 한편으로는 내 자신을 꼿꼿하게 유지할 수 있는 힘을 얻었다. 팔찌 유닛을 하나씩 넘길 때도 같은 감정이었다. 힘들 때 만지면 좋을 것이라는 막연한 생각이 반복되면서, 그 후로부터 '이것이 나를 지켜줄 것이다'라는 기대감이 생겼다. 그래서 해외 배낭여행을 갈 때 자주 그 목걸이와 팔찌를 몸에 지니곤 했다.

지금 내가 사는 동네에는 우뚝 솟은 성당이 있다. 매일 도서관에 가려면 그곳을 지나쳐야 한다. 어느 날 성당 건물에 교육 프로그램을 알리는 표지판을 보았다. 며칠 후 나는 그 프로그램에 참가하였다. 그곳에서 기도할 때 손가락으로 구슬을 하나하나 건네는 묵주에 대한 설명이 있었다. 그 묵주가 신기했다. 이는 정형의 묵주지만 다양한 형식도 있었다. 즉 목걸이, 팔찌, 반지 등등도 묵주의 형식이 될 수 있었다.

　과거 목걸이나 팔찌를 손으로 만지면서 나를 다잡던 때가 생각났다. 묵주가 별것인가? 기도할 때 유용하게 사용할 수만 있다면 그것이 바로 묵주가 아니던가! 내가 특별히 디자인하여 손으로 정성을 들여 만든 십자가 목걸이와 왕관 팔찌를 평소 몸에 지녔다. 생각해 보니, 힘들 때 나도 모르게 그것은 특별한 묵주 역할을 했다. 인성은 본래 그런가? 아니, 하나밖에 없는 창조물이다. 그래서 그런가?

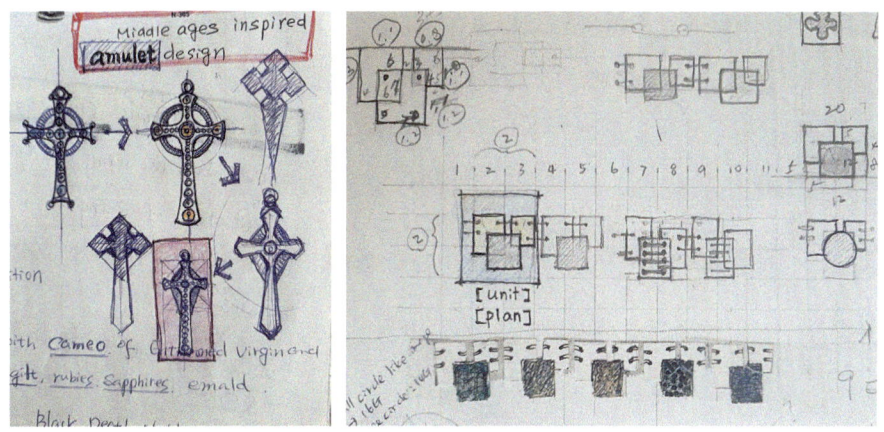

Drawing of Cross Pendant & Crown Pendant

글을 끝내며

캐나다에서 공예디자인대학교를 다니면서 작품활동을 한 기간이 벌써 10년이 훌쩍 넘는다. 그동안 만든 내 작품의 이미지들을 글과 함께 책으로 낸다고 하니 행복했다. 자료를 정리하고, 작품을 촬영하고, 글을 쓰니 시간 가는 줄 몰랐다. 새로운 것을 창안한다는 마음으로 디자인하여 꼼꼼히 만들었다. 대부분의 작품들은 고객의 품에 안겼지만 그 이미지와 디자인은 나에게는 그대로 있다.

컴퓨터 깊은 곳에 저장된 사진들을 끄집어내어 보고 책장에 꽂혀있는 나의 저널(Journal)을 펼쳐 보았다. 그리고 이미지와 함께 쓴 글들을 모았다. 많은 자료를 정리하면서 자주 웃음을 지었다. 그때 매우 힘들었는데, 지금 생각하면 매우 즐겁다. 그때 나는 어떻게 그렇게 몰입했을까?

지금 니는 은퇴하여 시간적으로 매우 자유롭다. 그런데 요즈음 작품활동을 세월리하고 있다. 과거 캐나다에서 일하면서 작품활동을 했을 때를 생각하면 지금의 나를 이해하기 힘들다. 바쁘고 힘든 그때는 왜 그렇게 열심히 했었고, 한가한 지금은 왜 하지 않을까? 나이 탓일까?

사실, 65세를 넘기자 모든 일에 흥미가 없어졌다. 지금 무엇을 해도 재미가 없다. 한곳에 몰입하기도 힘들다. 기억력도 떨어지고 자주 우울증에 갇히기도 한다. 그래서 우선 과거 내 작품들을 모아 글과 함께 책으로 내자. 그럼, 매우 흥미로운 시간이 될 것이다. 그리고 이것이 큰 동기가 되어 다시 작품활동에 몰입할 수 있는 계기가 되겠다 싶었다.

그럼, 뇌 활동이 많아지고 작업대에서 작업하는 시간도 많아진다. 새로운 무엇인가를 또 만들어 볼까 하고 또 고민하게 된다. 그런 시간 속에서 책 속의 작품 이미지와 이야기를 보고 읽으면서, '그때 무슨 생각으로 착안하고 디자인을 했을까? 그리고 어떻게 만들었을까?' 하고 추억을 되새길 것 같다. 그때마다 마치 원시인이 동굴 벽에 그림을 그리는 심정으로 나도 그렇게 했노라 하며 미소를 지을 것 같다. 그 힘으로 다시 작품활동에 몰입할 수 있지 않을까 하고 기대해 본다.

나를 이끌어주신 캐나다 공예대학 교수 Brigitte Clavette, Kristyn Cooper, 그리고 동료들이 생각난다. 그들은 항상 웃으면서 나를 "Hi Yeon."이라 불렀지. 그들에게 감사한다. 가족과 부모에게 사랑을 전한다. 그리고 이 책을 바친다.

2025년 봄,
저자 **정연배**

Teachers and Classmates in studio

225

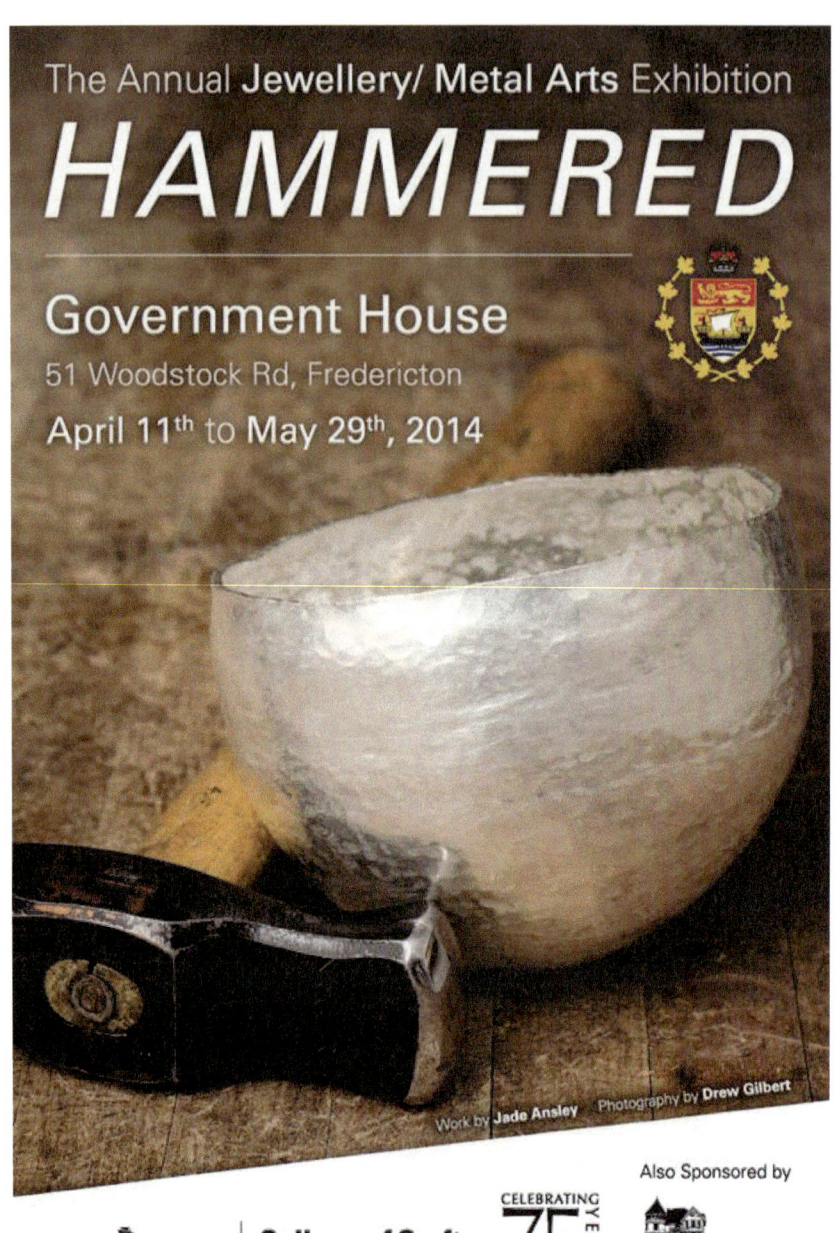

The Posters of the Annual Jewellery/Metal Arts Exhibition 2014, 2015

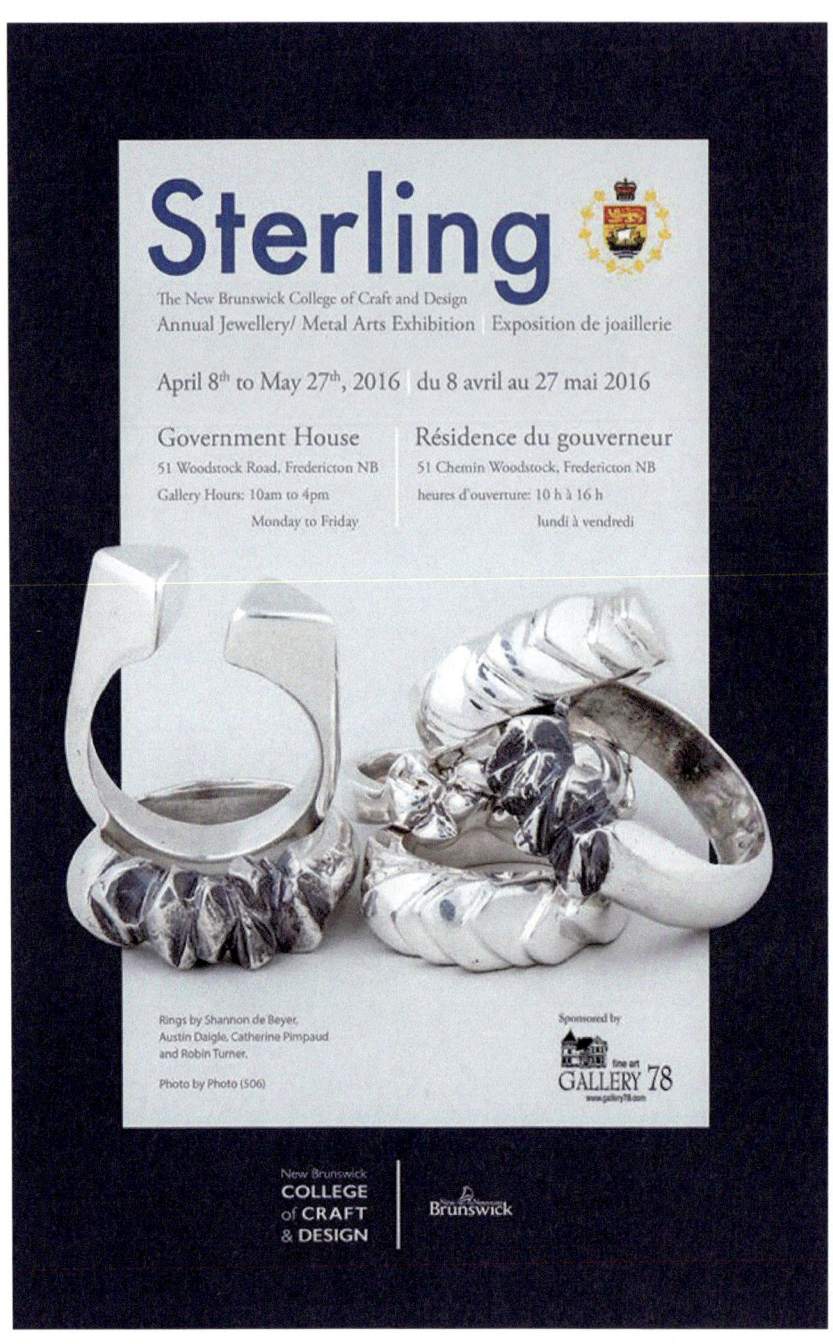

The Posters of the Annual Jewellery/Metal Arts Exhibition 2016, 2017

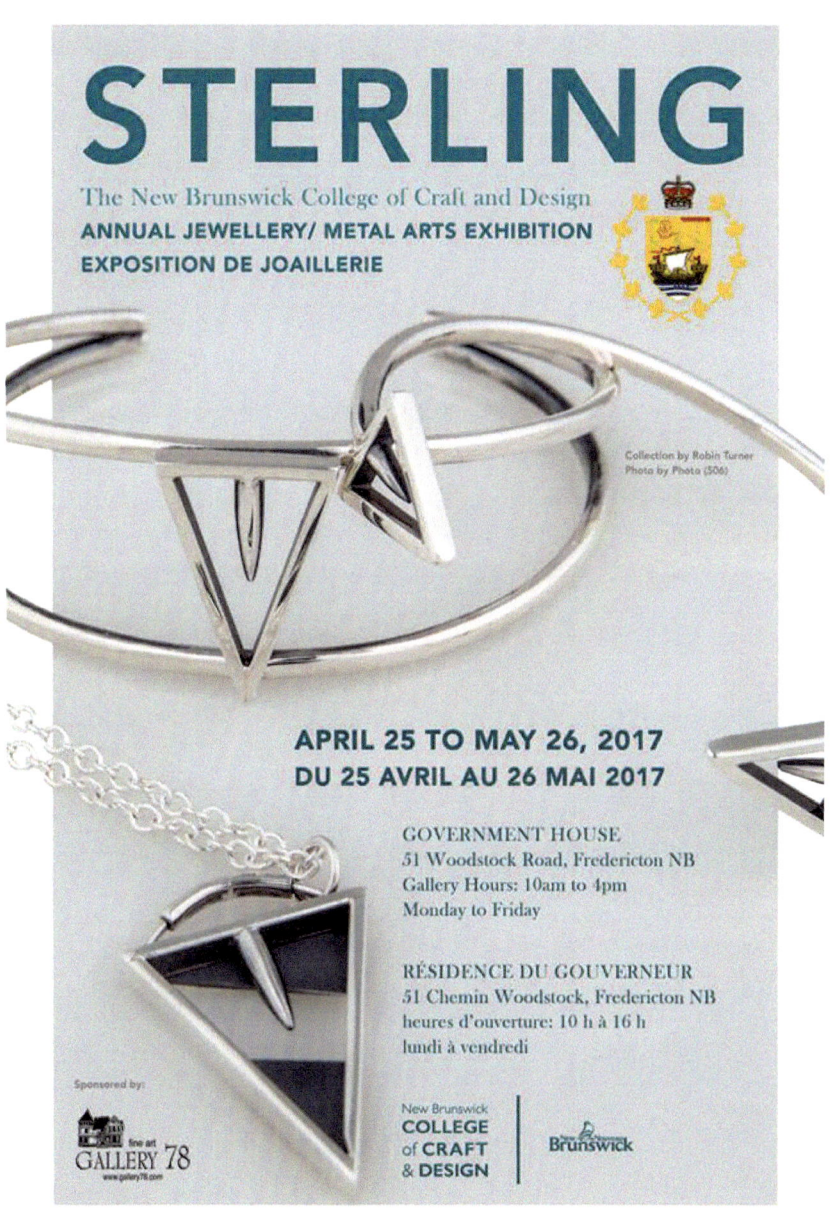

Collection by Robin Turner
Photo by Photo (506)

APRIL 25 TO MAY 26, 2017
DU 25 AVRIL AU 26 MAI 2017

GOVERNMENT HOUSE
51 Woodstock Road, Fredericton NB
Gallery Hours: 10am to 4pm
Monday to Friday

RÉSIDENCE DU GOUVERNEUR
51 Chemin Woodstock, Fredericton NB
heures d'ouverture: 10 h à 16 h
lundi à vendredi

Sponsored by:

fine art
GALLERY 78
www.gallery78.com

New Brunswick
COLLEGE
of **CRAFT**
& **DESIGN**

Brunswick